Christine Avel

Nur hier sind wir einzigartig

Roman

Aus dem Französischen von Christine Ammann

mare

Dieses Buch erscheint im Rahmen des Förderprogramms des französischen Außenministeriums, vertreten durch die Kulturabteilung der französischen Botschaft in Berlin.

Die Übersetzerin dankt dem Deutschen Übersetzerfonds für die Förderung ihrer Arbeit.

Die Originalausgabe erschien 2019 unter dem Titel *Ici seulement nous sommes uniques* bei Buchet/Chastel.

Copyright © Libella, Paris, 2019

1. Auflage 2021
© 2021 by mareverlag, Hamburg
Lektorat Ulrike Melzer
Typografie Iris Farnschläder, mareverlag
Schrift Plantin
Druck und Bindung CPI books GmbH, Germany
ISBN 978-3-86648-648-5

www.mare.de

»Wir alle besitzen ein Gelände, nicht größer als eine Briefmarke, sagt Faulkner, doch die Größe ist nicht entscheidend, wichtig ist nur, wie tief wir graben. Meine Briefmarke ist winzig, und ich bin mir nicht sicher, ob ich richtig grabe …«

Pierre Michon, *Le roi vient quand il veut*

Das Gelände

Die Welt beginnt und endet hier. Mit festen, unveränderlichen Grenzen, vom dritten Johannisbrotbaum an der Hauptstraße bis zum letzten Fels der kleinen Bucht, wenige Kilometer weiter.

Das hat Niso so entschieden, aufrecht über dem hellen Becken der großen Entscheidungen, genau dort, wo wir jeden Sommer unter wildem Geschrei die winzigen Schlangen abschlachten. Die Arme vor der Brust verschränkt, das Kinn wie sein Vater nach oben gereckt, verkündet er an jenem feierlichen Tag: »Genau hier beginnt die Welt«, und wir klatschen begeistert Beifall.

Die Welt beginnt dort, am Dorfausgang. Die einzige geteerte Straße führt geradewegs ins Inselstädtchen und macht dann einen plötzlichen Knick in Richtung Meer. Unser Gelände umfasst drei Olivenhaine, die Sträucher und die dornige Macchia, den von Tamarisken gesäumten Garten, das Grabungshaus, den Palast und das Grabungsfeld, ist also in mehrere Orte aufgesplittert, die bis zum felsigen Meeresufer abfallen.

Unser Leben beginnt und endet hier. Hier verbringen wir zwei oder drei Monate im Jahr; das restliche Jahr existiert kaum. Es dehnt sich aus, in einem dichten, gleichförmigen Nebel, eine gut einstudierte, hastig aufgesagte Darbietung ohne jeden Sinn, die wir auf der Insel sofort vergessen und über die wir untereinander nie reden.

Die restliche Welt ist ein armseliges, fades und kaltes Etwas, eine kümmerliche Einlage in der Abendsuppe. Sogar unser Sommerhimmel ist hier anders: von einem intensiven Blau und einer Wärme, die sich abends in einer unvergleichlichen Farbenflut entfaltet. Das Milchige des flämischen Horizonts und die lang gezogenen norditalienischen Wolken fehlen.

Unsere Welt beschränkt sich auf ein paar Hundert Quadratmeter tiefes Wasser und blutrote Erde, eingerahmt von zwei Wegen und dem felsigen Meeresufer, das sich in die halbrunde Bucht frisst. Das genügt uns.

Am Abend vor der Rückreise stehen wir oben auf dem Fels und betrachten voller Stolz unsere Welt; wir fahren mit der Zunge über die vom Salz aufgesprungenen Lippen, treten von einem Bein aufs andere, bis der Himmel noch schwärzer ist als das Meer. Unsere kleine Bucht vor Augen, schwören wir, uns im nächsten Sommer wieder in die Wellen zu stürzen, so wie im übernächsten und in allen anderen auch.

Die Welt ist hier und nur hier, bebt lebendig und warm unter unseren Händen, unseren Füßen. Wir werden sie niemals verlassen.

Wenn die Insel unsere Welt ist, dann ist die kleine Bucht das Zentrum, der ruhige, tiefe Nabel der Welt.

Wir sind so oft vom Grabungshaus zum Meer gelaufen, dass wir den Weg im Spiel mit geschlossenen Augen finden, der Geruch der Macchia und der Strandlilien leitet uns. Unsere Fußsohlen bewahren von einem Jahr zum nächsten die Erinnerung an diesen Hang, an die heimtückischen spitzen Steine einer Kurve, an die Wunden, die zwei Monate nicht heilen, weil sie mit jedem Sprung ins Salzwasser wieder aufreißen; und natürlich an den feinen Sand, den wir an windigen Tagen in den Augen, unter den Nägeln und zwischen den Zähnen spüren. Tagsüber ist der unglaublich weiche, pulvrige goldene Sand glühend heiß – zu Ferienbeginn hüpfen wir fluchend von einem Fuß auf den anderen, weil wir keine Hornhaut mehr haben –, nachts lauwarm und morgens kühl.

Und dann kommt immer diese Stelle, wo der Hang sanft zum Strand hin abfällt und wir plötzlich vom Meer angezogen werden: Wir erkennen sie, obwohl wir nicht wissen, wo sie ist, aber wenn wir genau da sind, breiten wir die Arme aus, rennen mit wildem Geschrei los, stürzen uns geradewegs in die Wellen und brüllen heraus, was wir das Jahr über zurückgehalten haben.

Die hellsten Stunden des Tages verbringen wir im dunklen Wasser, wir springen, tauchen, ziehen uns auf den Stein hoch, schütteln uns und gleiten, kaum getrocknet, erneut ins kühle Nass: eine lärmende, träge Seelöwenkolonie.

Evi ist die Jüngste und hält sich zurück, keiner beachtet sie je. Sie läuft uns hinterher wie ein treuer Hund, vor den Augen lange braune Strähnen, und protestiert auch nicht, wenn Niso sie anfährt und herumkommandiert: »Geh dahin, hau ab, trag meine Tasche.« Er nennt sie »meine Klette«, und keiner von uns käme auf die Idee, mit ihr zu reden. Wenn sie dann doch einmal etwas sagt, hat sie eine überraschend tiefe, ein wenig raue Stimme. Wir verstummen, ganz verwundert bemerken wir diesen winzigen Menschen.

Eines Tages sagt ihre Erwachsenenstimme in das Wellenrauschen, die Schreie und unser Treiben hinein: »Ich will auch springen.« Derjenige, der sich gerade ins Wasser stürzen wollte, hält verblüfft inne, wir drehen uns alle um, Evi lehnt, winzig klein, mit dem Rücken am Fels, sie reicht uns nur bis zur Schulter, und doch rennt sie jetzt wie eine Wahnsinnige los, einfach geradeaus. »Da sind Steine, pass auf«, murmelt Niso mit erstickter Stimme, aber sie ist schon gesprungen, lautlos, aus vollem Lauf.

Wir beugen uns alle gleichzeitig vor; Niso, der unten auf dem flachen Stein steht, starrt ins wirbelnde Treiben, mit angespannten Muskeln, sprungbereit, eine Ader an seiner Schläfe pulsiert, Evi taucht nicht auf, das ist der Strudel, man muss ordentlich mit den Füßen strampeln, um hochzukommen. »Ma che stronza«, flucht Zac, als Niso sich ins Wasser stürzt, ein Knall, ein Aufschäumen. Dann ein paar Meter weiter vorn, an den Felsen, Evis raues Lachen, sie klammert sich ans Gestein: »Ich hab euch Angst gemacht, was, Niso, ich hab euch Angst gemacht.«

Niso kommt immer als Erster in der Bucht an, er läuft weit vor den anderen, das dumpfe Geräusch seiner nackten Füße, in einer Hand die Taucherbrille, in der anderen die Flossen, er klettert über die Felsen, springt hinunter auf den flachen Stein, zieht sein T-Shirt aus, setzt mehr schlecht als recht die Brille auf – es ist Evis, sie ist ihm zu klein, seine hat er verloren – und stürzt sich ins Weite, gierig nach der schlagartigen Erfrischung, dem plötzlichen Ohrenrauschen.

Im Wasser ist Niso nie kalt. Nur wenn er sich mit einer Hand dort unten, in der Tiefe, am Fels festklammert, kann sich in seinem Brustkorb etwas lockern, sich langsam aus dem Schraubstock lösen, und die Wurzeln, die ihn jedes Jahr umwachsen und ersticken, spreizen sich.

Dort unten öffnet er die Augen, ohne Angst vor dem Salz, und seine Lunge weitet sich. Wir wetteifern untereinander nicht darum, wer am längsten tauchen kann; nicht, weil unsere Eltern es verbieten würden (davon sind sie meilenweit entfernt) oder weil es uns zu riskant wäre – Niso würde einfach jedes Mal gewinnen.

Wenn er ganz unten ist, stellt er sich vor, er befände sich am Grund eines Sees: Die Hafenmauern im Wasser, die er in einigen Metern Entfernung erahnen kann (noch weiter draußen ist es dunkel und geheimnisvoll), markieren den Eingang zu einer versunkenen Stadt. Niso bewegt sich so wenig wie möglich, lässt nur die Hände sanft hin und her gleiten, wie zwei folgsame Pilotfische. Wenn manchmal ganz nah vor ihm ein silbriger Sardinenschwarm im Rhythmus der Wellen erzittert, ist das für ihn das Höchste.

Und erst, wenn sich das vergangene, übervolle Jahr in zig Luftblasen verflüchtigt hat – nur dann –, stößt er sich auf einmal mit der Ferse ab und kommt wieder nach oben.

Erkundungen

Am Anfang des Urlaubs sitzen wir lange davor, lassen die Beine im Gleichtakt baumeln, auf dem Eingangstor aufgereiht wie Schwalben, die sich auf der Stromleitung aneinanderdrängen.

Das Grabungshaus ist noch da. Mit seinen dicken Mauern steht es fest auf der Erde, unverändert hat es unsere Abwesenheit überstanden. Das können wir uns gar nicht oft genug sagen. Die Fassade ist weiß gekalkt wie die Häuser im Dorf und strahlt so grell, dass wir mittags blinzeln müssen.

Ursprünglich, lange vor unserer Geburt, war hier nichts oder fast nichts: nur karger, steiniger Boden, ein paar Mäuerchen und eine Handvoll Ziegen, die Macchia fraßen. Auch das damalige Dorf war eigentlich nicht der Rede wert, ein staubiges Kaff mit einem kleinen Geschäft, und das war's – nicht einmal ein Souvenirladen oder eine Post. Aber den Palast gab es natürlich schon, ein Haufen alter Steine mit rostiger Umzäunung, und einige verschlafene, längst vergessene Grabungsfelder. Dann wurde das Grabungshaus gebaut, der Garten spross wie eine Oase in der Wüste, man fing an, ringsherum zu graben, der Weg erreichte die Nekropole, am Strand tauchte die Hütte auf, endlich war alles da, nur für uns:

unser vollständiges, perfektes und unveränderliches Universum.

Wir werden nicht müde, die strahlende Fassade zu betrachten, wir vergewissern uns, dass wir heil angekommen sind und weit genug weg vom eierfarbenen Rauputz unserer Vorstadthäuschen, den winzigen Balkonen unserer Wohnungen, den Begonientöpfen unserer Großeltern.

Mit fünf oder sechs Jahren kommt uns das Grabungshaus riesig und unübersichtlich vor. Dabei ist es schlicht gebaut, geradezu klösterlich. Vielleicht war das sogar die ursprüngliche Absicht des Architekten; zweifellos war er gläubig, er glaubte an das heilige Amt des Archäologen. Der Grundriss ahmt die Schlichtheit der archaischen Paläste nach, verbindet uns mit ihnen und fügt sich perfekt in ihr verstecktes Wegelabyrinth ein.

An einem langen Gang liegen rechts das Arbeitszimmer, in der Mitte Veranda und Küche, dahinter die sanitären Anlagen und dann mehrere Schlafzimmer. Die Veranda öffnet sich mit großen Säulen zum Außengelände hin. Die Schlafzimmer, in denen wir damals alle untergebracht sind, sind Zellen ohne Bad, mit lediglich einem Regal, Schreibtisch und Stuhl und einem einzigen Fenster, durch das man auf die Tamarisken blickt.

Das Gemeinschaftsbad ist sehr einfach, jeden Morgen wird es abgespritzt. Aber das Duschen im Schnellverfahren ist uns weitaus lieber als die tägliche Körperpflege im restlichen Jahr, unter Aufsicht. Zeig mal die Fingernägel, vergiss das Shampoo nicht. Wir mögen das Gedränge im Bad, aber es beunruhigt uns auch, den halb nackten, zotteligen Erwachsenen über den Weg zu laufen, sie pfeifen, furzen und vor sich hin kichern zu hören. Sonst verabscheuen unsere Eltern Campingplätze, all unserem Flehen zum Trotz, doch hier stört es sie nicht, sich über ein stinkendes Loch zu hocken und dass wir alles hören. Was uns komischerweise wiederum beruhigt. Wir kehren glücklich in die Steinzeit zurück (in die Bronzezeit, würden die strengen Erwachsenen sagen).

Im Sommer nisten sich die Läuse ein und die Flöhe auch, unsere Rücken sind mit roten Flecken übersät und jucken. Wenn sich ein Erwachsener bereit erklärt, uns den Kopf zu scheren, stellen wir uns fröhlich trällernd auf der Veranda an: eine unbekümmerte Pavianfamilie bei der Fellpflege.

Nur einer bleibt abseits. Haarschneider, Schere und alle ehrgeizigen Disziplinierungsversuche scheitern an seinen dichten braunen, grasgespickten Locken; in den Sommermonaten hängen sie vor den dunklen Augen und kräuseln sich im Nacken. Die Dorfkinder zeigen mit dem Finger auf ihn (nur von Weitem, sie trauen sich nicht, ihn zu ärgern) und kichern. Wir aber nicht. Die Haare sind Zacs ganze Würde, seine Mähne, wie seine Mutter mit übertriebenem Stolz auf ihren gut aussehenden Sohn lachend sagt. Wir bewundern seinen hartnäckigen Widerstand und wie er bei der Siesta Laus für Laus, die ihm den Kopf zerfrisst, zwischen zwei Fingernägeln zerdrückt.

Das Grabungshaus ist vollständig zum Garten hin ausgerichtet und der Sonne preisgegeben, nur die Schlafzimmer liegen selbst mittags im Schatten. Ohne den üppigen Garten, von dem es um- und überwachsen ist, die stürmische Bougainvillea an der Fassade und die rankenden Passionsblumen an den Pfeilern würde es gar nicht mehr stehen. Der Garten nährt das Haus und verschlingt es. Um vom Haus in den

Garten und zurück zu kommen, springen wir über das Mäuerchen am Gang. Nachts ist der Garten ungeheuer groß, er umschließt und überwältigt uns.

Vierzig, neununddreißig. Keine Ahnung, warum, aber das Abwärtszählen beginnt immer mit vierzig. Wir stehen da, hilflos und abwartend. Und schütteln unsere Lähmung in nur zwei Sekunden ab.

Unter der strahlenden Sonne rennen wir in alle Richtungen, zum Mäuerchen, den Bäumen, den zigmal neu erfundenen Verstecken. Unser Versteckspiel beschränkt sich damals auf den Garten, der uns riesig vorkommt. Später legen wir uns nach und nach bis zur Küste auf die Lauer, in den Olivenhainen oder sogar im Palast, trotz Verbot springen wir über den Zaun.

Wir sind mal mehr und mal weniger; einige kommen regelmäßig und sind ab Juni sicher da, andere tauchen nur manchmal auf. Im Alter von fünf, acht oder zehn sind wir eine feste, laute und zerzauste Gruppe, die immer in Bewegung ist. Wir sprechen alle Sprachen der Welt; beim Spielen, Purzelbäumeschlagen und Lachen haben wir sie gelernt.

Auf der Insel haben wir kurze, klingende und unverwechselbare Namen: Niso, Zac, Evi. Unsere Namen wurden unzählige Male verstümmelt, nach griechischer Art verlängert und dann wieder verkürzt. Übrig geblieben sind farbenfrohe Silben, die uns allein gehören, aber nur auf dieser Insel. Von September bis Juni sind wir Denis, Giacomo und Isabelle, wie wir in unseren Ländern artig heißen, geschichtslose Blagen, die den Anfangsbuchstaben ihres Nachnamens, ein F. oder D., anhängen müssen, um nicht mit anderen verwechselt zu werden.

Nur hier sind wir einzigartig. Selbst unsere Eltern vergessen in den Ferien langsam unsere wirklichen Vornamen, spielen mit Verkleinerungsformen und Anhängseln und begnügen sich nach ein paar Wochen schließlich, wenn es Zeit für den Aufbruch zur Taverne ist, mit einem farblosen »Kinder!«.

Unsere Familien kommen aus Italien, Belgien, Griechenland, England und Frankreich, die meisten sprechen zu Hause mindestens zwei Sprachen. Gemeinsam schaffen wir eine neue Insel-Nationalität und verständigen uns in einem Kauderwelsch mit erfundenen Wörtern und hiesigem Dialekt.

Niso ist am schnellsten; Evis Hand fest in der seinen, haut er als Erster ab, und automatisch rennen alle erst mal in seine Richtung.

Er ist einen Kopf größer als wir, aber trotzdem eine Krabbe, mit durchsichtiger Haut und hellen Augen, so dürr, dass sich seine Rippen abzeichnen und am Brustbein ein Knöchelchen vorsteht. An den Handgelenken zeigen sich blaue Adern, und wenn er aufgeregt ist, pulsiert eine am Hals. An seinem Körper ist kein Gramm Fett, an den Schultern sieht man das Spiel seiner dünnen, langen Muskeln. Im Juli wird seine Haut leicht kupferfarben, mit rötlichen Flecken, und er häutet sich wie eine Eidechse, ist genauso flink und teilt die Vorliebe des Reptils für schroffe Mauern. Wenn er vollkommen reglos, beinahe ohne zu atmen, auf einem Tamariskenast liegt, finden wir ihn immer zuletzt.

Niso und Evi waren im Grunde schon immer da. Als wären sie auf der Insel geboren, als kämen sie von dort. Wirklich, Bruder und Schwester? Nicht mehr lange, dann ist Evi, das

Nesthäkchen, genauso groß wie Niso, das kann man schon sehen, ehe sie ihn in der Pubertät überholt; die kräftigen Knie, die Schultern einer Schwimmerin, ein Körper, um den Dingen zu trotzen und standzuhalten. Als die beiden fünf und acht sind, würde bereits jeder darauf wetten, dass sie bei einem Kampf gewinnt. Eigentlich kaum vorstellbar, dass Evi, unsere trotzige, zähe Evi, in den übrigen Monaten Röcke, Ballerinas und Pferdeschwanz trägt und die Faust in der Tasche ballt.

Wenn sie Ende Juni von der Fähre geht, bleibt sie jedes Mal auf der Landeklappe stehen. Die Passagiere, die eilig aussteigen wollen, rempeln sie an, wie ein verlorenes Paket, das im Weg liegt. Wenn ihr genervter Vater (schon auf der Pier, wo er zum zigsten Mal die Koffer nachzählt, seine wissenschaftliche Rigorosität ist berühmt-berüchtigt) sich nach ihr umdreht, winkt und ruft, fleht Niso sie an: »Evi, was machst du denn?« Doch sie verharrt in dieser vagen Schleuse zwischen zwei Welten, holt tief Luft und lässt jetzt einfach zu, dass ihr eine lange braune Strähne ins Gesicht fällt.

Mehr noch als bei ihrem Bruder kommt bei ihr im Sommer die zweite Natur zum Vorschein.

Niso wird das später überraschend bewusst, als er in einer seiner wissenschaftlichen Lieblingszeitschriften blättert; eines dieser Magazine mit verlockenden Titeln und kaum verständlichem Inhalt, wo mithilfe von Illustrationen, die die Themen erst erklärbar oder vorstellbar machen, plausibel erläutert wird, warum die Leere in Wahrheit eine Fülle, die Zeit eine Kurve, das Universum eine Art klar definierter Bagel und das Raum-Zeit-Kontinuum ein gespanntes und von der Schwerkraft beliebig zerknülltes Laken ist.

Es war wohl die Überschrift in einer vor ihm aufgeschlagenen *Science et Vie*: »Sind wir alle Chimären?«, daneben ein verstörendes Bild, die Darstellung eines römischen Mosaiks: eine Ziege mit Fischschwanz in der klaren Tradition antiker Ungeheuer.

Und dann die Erklärung des Autors, sehr überzeugend (dessen renommierte Titel seine Glaubwürdigkeit unterstreichen): Häufiger als man denke, finde sich bei Menschen eine Kombination aus zwei DNA. In ein und derselben Person können demnach zwei Menschen leben, ohne dass man es merkt, höchstens zufällig durch eine genetische Analyse. Das Ohr von dem einen, den Zeh von dem anderen.

Genauso wie die Kinder auf der Insel. Chimären: das Kind im Alltag und das im Sommer, zwei unterschiedliche genetische Codes, zwei Körper; einer weiß und glatt, mit kurzen Nägeln, sauberen Haaren, gewaschen und eingecremt, der andere sonnengebräunt, wild, mit Muskeln und Krallen, zerkratzt von Stacheln und Dornen, voller Schwielen und strotzend vor Kraft.

Beim Versteckspielen zählt meistens Zac, hinten am Eckpfeiler, den Wuschelkopf in der Armbeuge. Er steht genau auf der Grenze zwischen Haus und Garten, hell und dunkel. Das ist die Regel.

Er zählt öfter, als er müsste, wir losen aus, aber außer ihm schummeln alle; wir wollen lieber gesucht werden, mit klopfendem Herzen und schwitzigen Händen. Wir wissen nicht, ob uns das Spiel wirklich gefällt, in diesem Garten mit seinen Furcht einflößenden Geräuschen und Gerüchen.

Aber Zac kann nicht schummeln und ist gern allein. Zählen heißt für sich sein, ohne die Gruppe, als Einziger sichtbar – mehr oder weniger, denn wir spielen gern, wenn die Schatten langsam länger werden. In den kommenden Jahren – wir kennen schon alle Schlupflöcher, Hinterhalte und Winkel – verstecken wir uns am liebsten erst bei Dunkelheit, wenn die Silhouetten der Bäume kaum noch zu erkennen sind.

Die anderen entfernen sich so leise und weit wie möglich, nur Evi klammert sich an den nächsten Feigenstamm wie an ein Rettungsfloß. Sie hat Angst vorm Dunkeln und bleibt in Zacs Nähe. Als die beiden noch klein waren, schnappte Niso sich Evis Hand, hielt sie so fest, dass es wehtat, und nötigte sie, schneller, schneller, immer schneller zu rennen und still zu sein. Von Weitem hörten wir, wie die beiden hinter einem Baum flüsterten. »Psst, halt die Klappe, hör auf mit dem Gezappel.« »Niso, du tust mir weh, mir ist kalt«, sagte Evi an ihn gekauert, eine Hand vorm Mund und möglichst flach atmend.

Früher waren sie zu zweit, aber eines Tages wollte sie sich allein verstecken, stolz darauf, endlich mitzuspielen, nicht mehr die Kleine zu sein. Von unserem Versteck aus sehen wir, dass sie nicht wegläuft, Zac gibt ihr mehr Zeit, zählt noch einmal von weiter hinten, zweiunddreißig, einunddreißig. Er redet leise auf sie ein, »Na los, beweg dich, renn weg«, und versteht nicht, dass sie das erneute Zählen erst recht verunsichert.

Evi umkreist den Ausgangspunkt wie ein panischer Nachtfalter, bei zehn und auch bei sechs ist sie immer noch da, unschlüssig; Zac kennt all ihre Verstecke und wird sie zuerst suchen. Sie muss weglaufen. Aber sie läuft nicht weg, sie kann nicht, weiß nicht, wie.

Zac zählt noch langsamer, dehnt am Ende die Null länger

aus. Dann geht er los, schnuppert, weiß schon, wo sie verstört sitzt. Er ist ganz nah bei Evi, schleicht sich heran, langsam und leise, lauernd, wahrscheinlich hat er beim Zählen schon unser Knacken, Rascheln und Keuchen gehört. Lautlos geht er weiter.

Wenn er uns im Halbschatten am Arm berührt, durchfährt uns ein elektrischer Schlag. Dann rasen wir wie Evi, die erschrocken und begeistert den ersten Schrei ausstößt, in Richtung Haus, unser Zufluchtsort auf hoher See.

Die Schlafzimmer im Grabungshaus riechen nach Sauberkeit. Maria, die darüber wacht, zieht die rauen Bettlaken glatt, geht mit dem Besen durch, energisch, knapp, präzise, und schüttet dann große Kübel schäumendes Wasser über den Boden.

Die Siesta, ein seit Anbeginn der Zeit überliefertes Ritual, ist mit den Schlafzimmern untrennbar verbunden. Während der Siesta läuft man nicht, springt man nicht, schreit man nicht, und gebrüllt wird erst recht nicht. Wir müssen uns hinlegen, in der Abgeschiedenheit unserer dunklen Zimmer sinken wir schnell in den Schlaf, oder besser, in eine klebrige Starre; von ungeahnter, bodenloser Müdigkeit erfasst, dösen wir nicht, sondern fallen in ein tiefes Koma, mit halb geschlossenen Augen und offenem Mund.

Aus dieser Geistesabwesenheit voll zirpender Zikaden erwacht Evi abrupt, benommen, wie gelähmt, immer zu spät, schweißgebadet und allein. Sie versucht, ihre steifen Glieder wach zu rütteln, kämpft sich mit hämmerndem Kopf in den Badeanzug, hält bittere Tränen zurück, rennt den Weg entlang, nur der sehnsüchtige Lauf zur Bucht kann sie jetzt retten, die Steine spürt sie nicht, keuchend kommt sie bei uns an und tut, als ob nichts wäre. Ihre schlechte Laune vergeht mit der Gischt, wilden Sprüngen und wütenden Schreien.

In den Schlafzimmern riecht es streng nach angetrockneter Seifenlauge, Blumen und Mückenspray – ein seltsamer, anhaltender Geruch nach Weihrauch und Moschus –, und wir haben den Verdacht, dass die Erwachsenen sich nicht nur zum Arbeiten einschließen, sondern sich auch mit großer Leidenschaft einer Sache hingeben, die wir uns nur ausmalen können. Die Wände sind mit toten, wütend zerdrückten Insekten übersät, Versteinerungen, die sich zu dunklen Sternbildern fügen: Spinne, Skorpion, Kakerlake oder auch ein einfacher Skarabäus, wohl Opfer eines Fehlurteils; an der Decke erkennt man einen rätselhaften Schuhabdruck.

Um einzuschlafen, hat Evi sich angewöhnt, die Insekten laut zu zählen. Das verärgerte Grummeln aus dem Nachbarbett ignoriert sie ebenso wie das genervte »Sei still« aus den Nachbarzimmern. Damit sie sich nicht vertut, fängt sie immer unten links an, auch den Skorpion über dem Fenster vergisst sie nicht, elf, zwölf, sagt sie laut, schweigt schließlich und schläft ein. Müdigkeit und Hitze tragen sie bis in den nächsten Morgen.

Lange spähen wir mit aufgerissenen Augen in die Nacht, Heuschrecken, Kröten, Summen, das Rauschen der Tamarisken. Begierig versuchen wir, die Schreie von draußen und die Seufzer von nebenan auseinanderzuhalten. Stöhnen, Murmeln, unterdrücktes Lachen; die Geheimnisse der Zimmer, die zu nah an unseren liegen.

In der stickigen Hitze der letzten Augusttage redet Evi noch spät in der Nacht mit Niso, dicht an die mit toten Insekten übersäte Wand geschmiegt. Sie brauche, sagt sie, jedes

Jahr wieder diese gemächlichen, wertvollen Minuten, um sich zu verwandeln, in ihrer Brust spüre sie etwas wachsen, für das sie keinen Namen habe, was ihr die Luft nehme und sie zwinge, auf der Landeklappe der Fähre innezuhalten, dieses Etwas sei noch wichtiger als ein schlagendes Herz.

Im Arbeitszimmer des Grabungshauses wird nicht gearbeitet. Die Erwachsenen deponieren dort ausgelesene Bücher und Zeitschriften, *Charlie Hebdo* liegt neben *Paris Match* oder sogar *Lui*. Einige Exemplare lassen wir heimlich mitgehen, manche Seiten haben vom vielen Lesen Eselsohren und sind mit Honig- und Kaffeespuren bekränzt, andere liegen herausgerissen und vierfach gefaltet unter unseren Kopfkissen. Niemand wundert sich darüber, auch nicht über die Tatsache, dass Joyce neben Malko-Heftchen oder Whitman neben Sade prangt.

Wir lesen einfach alles, wir beschränken uns nicht auf Kinderbücher, die gut ausgehen. Wäre das Haus ein Kloster, würde in gewissen Bereichen eine große Toleranz herrschen. Niemand kümmert sich darum – wie sonst unsere Großeltern das ganze Jahr über –, ob unsere unschuldigen Gemüter Schimpfwörter, rassistisches oder gar kapitalistisches Gedankengut aufschnappen (deshalb darf Zac die unschuldigen Donald-Duck-Heftchen nicht mehr lesen).

Mit neun Jahren liest uns Zac einen kompletten *San-Antonio* vor; wir trauen uns nicht, ihn nach der Bedeutung einiger uns unbekannter Ausdrücke zu fragen, eher altmodische als sexuelle Wörter wie zum Beispiel »sich beflecken«, bei denen Zac ohne jede Erklärung dreckig lacht.

Einen Sommer lang trägt er aus *Doktor Schiwago* vor, drei dicke, vergilbte und verstaubte Bände. Wenn Evi aufsteht, schüttelt sie ihre Beine aus, die eingeschlafen sind, weil sie sie zu lange nicht bewegt hat; was für ein schreckliches Gefühl, als wäre das Bein aus Holz, und dann dieses Kribbeln in der Wade. Aber das ist der Preis, den sie zahlen muss, lieber würde sie sich die Beine abhacken, als beim Vorlesen zu stören.

Später beharrt Zac darauf, uns Englisch vorzulesen (wir verstehen kein Wort, aber mosern vergeblich). Die Gedichte sind für uns nur eine Melodie. Zac ist elf, dann dreizehn: Unter dem dicken Zeltstoff, auf dem Campingplatz, flüstert er uns seitenweise Sade vor, und wenn er stockt, protestieren wir einstimmig.

Eines schönen Tages – wie alt ist er da, vierzehn, fünfzehn? – hört Zac mit dem Vorlesen auf. Wir können ihn noch so sehr anflehen, er weigert sich: »Das interessiert mich nicht mehr, das war's, Schluss damit.« Evi ist erst richtig sauer, aber dann gar nicht mehr; sie vertieft sich nun selbst in die Sätze, allein in ihrer Ecke, und stellt sich gegenüber allen Appellen der Gruppe taub.

Im Arbeitszimmer hat schon zum dritten Mal eine Katze geworfen, unter Zacs aufmerksamen Augen. Das restliche Jahr über erlauben unsere Eltern Haustiere nur unter strengen hygienischen Bedingungen, sie fürchten Allergien oder die unziemliche Fortpflanzung *dieser Viecher*. Wir dürfen nur einen einzelnen Vogel haben (der hoffnungslos stumm ist), einen Fisch (der macht keinen Dreck), allerhöchstens eine Katze (schnellstens kastriert, sonst pinkelt sie überallhin).

Die verwilderten Katzen im Grabungshaus vermehren sich schnell, sie leben in einer Welt nach der Sintflut, deren Wiederbevölkerung Gottes oberstes Gebot ist. Es werden immer mehr. Bei uns finden sie, fernab von den Fußtritten der Kellner, Asyl, Nahrung und Spiele, und wir kennen jede einzelne unfehlbar mit Namen. Die ersten zwanzig haben wir nach den Bewohnern des Grabungshauses benannt, alle späteren tragen nur Nummern. Wir verwechseln sie nie.

Nummer 42 ist unsere Lieblingskatze; sie folgt uns wie ein junger Hund und wirft sich völlig würdelos auf den Rücken, damit wir sie am Bauch kraulen. Beim ersten Morgengrauen miaut sie unter Zacs Fenster, weil er als Erster wach ist und nicht müde wird, sie zu streicheln und zu füttern.

Nummer 42 hat den Fehler begangen, unter dem Tisch durchzulaufen, als gerade die Obstschale herunterfiel. Seitdem schleppt sich das Kätzchen jämmerlich dahin, die zertrümmerte Wirbelsäule nach oben gebogen, die Hinterpfoten gelähmt. Wir müssen sie ein paar Tage *beobachten*, sagen unsere Väter.

Kein Zweifel, Zacs geduldiges Streicheln hat nicht gereicht. Und als am Ende eines ruhigen, goldenen, perfekten Tages klar ist, dass sich die Katze nicht mehr erholen wird, packt ein Grabungshelfer sie mit kräftiger Hand, beim leisen Knacken der Wirbel gefriert uns das Herz. Keiner von uns schafft es, dem reglosen, stummen Zac, die Haare vor den Augen, ins Gesicht zu sehen. Anders als Niso, der gut argumentieren und erklären kann, fehlen Zac die Worte, es sei denn, er liest vor. Dann bekommen die Worte der anderen in seinem Mund Bedeutung, je nachdem, wie lange er schweigt.

Spät in der Nacht hören wir im Halbschlaf die Tür des Arbeitszimmers knarren. Zac ist aufgestanden, wir erkennen seine Schritte.

Die Zimmerdecken geben Laute von sich, zügelloser Galopp, geduldiges Knabbern; wir denken an bloß liegende Kabel, Termiten oder dass das Holz über unseren Köpfen plötzlich zerbröselt und die Sterne freigibt.

Wenn wir uns in unseren Winterwohnungen in unsere Betten kuscheln, hören wir nur das Brummen des Kühlschranks, die gemächlichen Schritte des Rentners in der Wohnung über uns oder das ferne Murmeln eines Fernsehers oder Radios. Wir leben in geschlossenen Räumen, in gemütlichen Zimmern, durch Doppelfenster und Panzertüren vor der Außenwelt geschützt.

Hier gibt es keine Türcodes oder Schlüssel. Niemand weiß, wann sie verloren gegangen sind, irgendwo an einem Nagel vergessen – falls es überhaupt je welche gab. Das Haus kommuniziert mit der Außenwelt, in stürmischen Nächten hört man das Lärmen der Wellen. Wir lauschen ihrem Grollen in aller Sicherheit, eingehüllt vom Geruch der rauen Laken und von dem nahen Schnarchen. Manchmal kann einer von uns nicht mehr widerstehen, macht leise die Tür auf, schleicht sich auf den Gang und hält Ausschau nach Zac.

Nur ein paar Schritte entfernt streicht Zac über die Pflanzen an den Pfeilern. Der murmelnde Garten zieht ihn an, er klettert auf die Umrandung, bleibt dann aber stehen, als habe es das nächtliche Fauchen, Rascheln, Quaken auf ihn persönlich abgesehen.

Sein Notausgang ist das Arbeitszimmer. Die Tür schließt schon lange nicht mehr, sie steht halb offen, lädt geradewegs dazu ein, sich hineinzuschleichen, ein strategischer Rückzugsort. Zac bleibt auf der Schwelle stehen, ein Bild hält ihn zurück. Auch wir haben die Szene gesehen, ist es zwei oder drei Sommer her?

Eines Abends, als die mückenbekränzte Sturmlampe auf der Veranda schwankt, erhellt sich ein Schatten. So wie Zac heben wir den Kopf und blicken auf einen schwarz behaarten Arm, der die Taille seiner Mutter umfasst; mit dem Rücken zu uns beugt sie sich wie in einem absurden Tangoschritt nach hinten und lacht lauthals, ein Lachen, das uns schaudern lässt.

Grabungsfelder

Unsere Eltern sind hier nicht mehr dieselben. Sonst so verantwortungsbewusst und erwachsen, sind sie auf einmal sprunghaft, viel attraktiver als sonst und ein wenig beängstigend. Wir begegnen ihnen mittags und abends auf der Veranda, ehe jeder wieder seiner Wege geht, die einen zur Ausgrabung, die anderen zur Bucht.

Bei unseren betrunkenen, durchgeknallten Sommer-Eltern ist an einen regelmäßigen Tagesablauf oder einen sorgfältig zubereiteten Imbiss nicht mehr zu denken. Unsere Mütter reinigen das ganze Jahr über den Kühlschrank mit Desinfektionsmitteln, kaufen luftdicht verpackte Steaks und wachen wie besessen über unsere Körperhygiene, aber hier suchen sie das Fleisch am dörflichen Marktstand aus, der voller Fliegen und schwarz geronnenen Bluts ist; wir halten uns im Hintergrund, wenn uns nicht gerade übel ist. In den Nächten danach stellen unsere Mütter mit trübem Blick fest, dass wir uns übergeben haben, dann gehen sie wieder schlafen, und wir bleiben teilnahmslos, erschöpft und mit wirren Haaren im säuerlichen Geruch unserer schmutzigen Laken zurück.

Zacs Mutter, die in unförmigen Jeans, mit zerzaustem

Haar und dunklen Rändern unter den völlig ungeschminkten Augen von der Fähre gegangen ist, verwandelt sich hier in eine erotische Diva mit üppigen Formen. Sogar auf das Grabungsfeld geht sie in extravaganten Bikinis und Miniröcken und trägt so zu einem plötzlichen Temperaturanstieg in der ohnehin schon drückenden Hitze bei. Abends in der Taverne tanzt sie barfuß, die Arme in die Höhe gereckt, ihre Achselhöhlen sind verblüffend weiß.

Obwohl Zacs Mutter immer nur kurz bleibt – ihren Sohn lässt sie in der Obhut des Archäologen-Onkels zurück, dem einzigen Asketen der Gruppe –, gibt sie den Ton an. Wenn sie wieder abreist, ihre Starallüren abgelegt hat und Zac an der Pier einen halbherzigen Abschiedskuss gibt, die Zigarette in der Hand, drückt sie uns für den restlichen Sommer ihren Stempel auf, stanzt ihr Bild auf unsere Netzhaut. Die letzte Zigarettenkippe mit karminroten Spuren, die auf dem Tisch im Hafencafé liegen bleibt, verschwindet zuverlässig, ein heimlicher Talisman unter der Matratze oder in einer Papadopoulos-Keksdose.

In einem August, in der größten Sommerhitze. Obwohl sie nur zwei Wochen da sind, haben wir nur Augen für sie. Sie halten den Ort besetzt, beschlagnahmen das Licht, durch ihre Anwesenheit erhält alles eine ungewöhnliche Intensität und Färbung, die Luft wird trocken, wir können kaum atmen.

Er ist irgendeine Art von Künstler, der mit dem Grabungsfeld nichts näher zu tun hat. Eigentlich soll er einen Dokumentarfilm drehen, aber wir sehen ihn nie bei der Arbeit, nicht einmal mit einer Filmkamera oder einem Fotoapparat in der Hand. Anders als unsere Väter trägt er die

Haare halblang; er hat feingliedrige Hände, einen Silberring an beiden Zeigefingern und am rechten Handgelenk ein Lederarmband. Er ist Deutscher, braun gebrannt, wir halten ihn für eine Mischung aus Skilehrer und James Bond und stellen uns vor, wie er in einer traumhaften Bergwelt elegant und in gleichmäßigen Schwüngen über makellose Pisten saust.

»Amore, Schatz.« Sie turteln und küssen sich auf den Nacken, eine Hand berührt die Haut, schiebt sich unter das zarte Geflecht eines durchsichtigen Stoffs. Die beiden haben die Veranda, von ihren Bewohnern seltsamerweise verlassen, in Beschlag genommen. Sie sitzt auf seinen Knien, und am Eckpfeiler, unserem Beobachtungsposten, blicken wir mit glühenden Wangen in die andere Richtung. Neben ihm liegen immer ein Päckchen Zigaretten, ein Notizheft und ein Bleistift, über den er mit dem Daumen streicht, ohne je etwas aufzuschreiben. »Komm her.«

Sie trägt die knappsten Shorts, die wir je gesehen haben, und tief ausgeschnittene, ärmellose T-Shirts, die ihre runden, bloßen Schultern zeigen. Anders als er gibt sie nicht vor zu arbeiten. Sie geht nur von einem Zimmer ins andere – schlank, temperamentvoll und schweigend –, auf dem Gang durchbohren uns ihre grünen Mandelaugen.

»Cosa dici?« Während der Siesta bleiben sie stundenlang verschwunden. Wir treiben uns auf dem Gang herum, zitternd vor Ungeduld und mit gespitzten Ohren. Wir wundern uns über ihre Schamlosigkeit, mehr noch als über die Nacktheit der Forestiers einige Sommer später.

Dann reist sie vor ihm ab, er bringt sie zur Pier. Frustriert beobachten wir ihre letzte leidenschaftliche, erotische Umarmung. Die Fährpassagiere drehen sich nach ihnen um, die Crew verpfuscht das Anlegemanöver. Während sie sich den Kuss des Jahrhunderts geben, können wir nichts weiter tun, als uns schmerzlich den Geschmack der warmen Zungen auszumalen.

Allein zurück im Grabungshaus, streift er umher wie ein Tiger im Käfig, mit geschmeidigem Gang und betörendem Lächeln. Während die anderen auf dem Grabungsfeld sind, lungern wir überall herum.

Drei Tage später spionieren wir Zac hinterher und entdecken hinter der Bürotür überraschend seine Mutter: den Arm, der ihre Taille umfasst, den durchgebogenen Rücken und ihr Lachen.

Abends strahlt sie. Wenn sie in der Taverne tanzt, sieht man unter dem geschlitzten Rüschenrock ihre bloßen Schenkel. Wir weichen Zacs Blicken aus, so gut es geht, zum Glück starrt er stur auf seinen Teller. Als seine Mutter dann eines Morgens den anderen zur Pier bringt, weil er nun seinerseits abreist, der ruhmbekränzte Verführer, sind wir enttäuscht: Die leidenschaftliche Umarmung fällt diesmal aus.

Ein Blick aufs Meer, eine hängende Schulter, die Haare vom Wind zerzaust, das nervöse, vergebliche Reiben am Feuerzeug (den herbeistürzenden Chef des Fährbetriebs, der ihr beflissen die dünne Zigarette anzündet, ignoriert sie) und die Rückkehr von Zacs Mutter zum leeren Haus, mit kleinen, vorsichtigen Schritten.

Unsere Väter – die wenigen Archäologinnen, die es gibt, sind Single – sind witziger, abgedrehter und lässiger als wir. Sie nehmen ihre Wissenschaft sehr ernst, alles andere ist ihnen egal.

Schon frühmorgens mühen sie sich auf dem Grabungsfeld ab, nach der Siesta ziehen sie sich zum Arbeiten zurück, und abends diskutieren sie in der Taverne endlos über verworrene Wissenschaftsfragen, in denen wie aufregende Geheimnisse immer wieder die Wörter Chronologie, Anastylose und Epigraf auftauchen. Doch dann kippt alles, sie lassen die anstrengende Arbeit hinter sich und werden zu lüsternen Mönchen: Jetzt zeigt sich ihre zweite Natur. Ihr Humor ist seltsam vulgär, »graben« und »bohren« ermöglichen in der Tat viele Anspielungen. Mit vorgespieltem Ernst weihen sie uns in die alte Kunst der schlüpfrigen Schüttelreime und der großen Rede ein, in der es natürlich um das antike Griechenland und ungewöhnliche Grabungen geht und sich auf wundersame Weise aus einem Wort das nächste ergibt.

Sie sind unumstrittene Meister in Scherzen aller Art. Prunkvoll laden sie, auf weißem Velinpapier, zu Davieros Hochzeit ein: Der ewige Junggeselle heiratet eine neunzigjährige dänische Aristokratin mit unaussprechlichem Namen. Und wie Plakate im ganzen Dorf verkünden, eröffnet Forestier im Inselstädtchen ein belgisches Restaurant, frittierte Miesmuscheln und Aal in grüner Soße sind die Spezialitäten des Hauses. So sicher wie das Amen in der Kirche folgt ein Streich auf den nächsten, und am erstaunlichsten ist, dass sie stets gelingen; Daviero erhält fünfundvierzig Glückwunschkarten, und aus der bescheidenen Kneipe auf dem Plakat wird nach der angeblich historischen Eröffnung tatsächlich das beste (und einzige) Bierlokal der Insel. Das ist ihre Macht: Ihr Gefasel wird Wirklichkeit.

Wir bewundern jeden Einzelnen. Scheinbar wollen sie alle, wie die Avengers, durch irgendetwas auffallen, durch einen raffinierten Spleen, ein überraschendes Talent. Castella, der gefürchtete Pokerspieler, kann auf Zacs Wuschelkopf ein

Kartenhaus errichten. Steinbrechers Badehose im Leopardenlook wird am Strand von Touristen staunend bewundert. Brovski kann, mit dem Geruchssinn eines Trüffelschweins, Scherben allein durch Schnüffeln datieren und beim Metzger genauso zuverlässig das Fleisch beurteilen. Gerhard Bauer trägt seine ewig schwarzen Handschuhe selbst in der größten Sommerhitze, und Menaud begeistert sich für antike Abwassersysteme und schließt sich – vielleicht deshalb? – zum Lesen abends im Klo ein.

Und Daviero, der Unverwüstliche, ein Unfall pro Monat. Kaum hat er das eine Auto zu Schrott gefahren, in alle Einzelteile zerlegt, mietet er ein neues, und es passiert genau dasselbe, fast in derselben Kurve und derselben Woche. Wenn die anderen ihn morgens aus dem Graben ziehen, sind sie erstaunt, dass er überlebt hat, wie durch ein Wunder unverletzt, na ja, ein paar blaue Flecken vielleicht, eine Schnittwunde oder eine kleine Verstauchung, aber nie bleibt mehr zurück als ein ordentlicher Brummschädel. Daviero ist unser Vorbild, wir verbringen ganze Tage damit, aus zerquetschten Geranien Wein herzustellen, seinen Rausch und den Unfall nachzuspielen, den wir am Ende heldenhaft überstehen.

In Brüssel heißt Niso einfach Denis, aber der Vorname kommt ihm so banal vor wie sein Nachname, so traurig und gewöhnlich wie die auf Abfälle spezialisierten Welse, die sich tagtäglich mit sturer Gefräßigkeit durch die Sedimente wühlen.

Sein Vater kennt sich mit Fischen fast genauso gut aus wie mit den Tonscherben: Er weiß, wie sie heißen, nennt dozierend ihre lateinischen Namen und erläutert ungefragt jede kleinste entwicklungsgeschichtliche Besonderheit. Am

Wochenende gehen die beiden in große Zoohandlungen und suchen nach neuen Exemplaren. Am Eingang schnürt ihnen der wilde Geruch der eingesperrten Tiere (Frettchen, Kaninchen, Vögel) noch die Kehle zu, doch im nächsten Raum beruhigt sie der schwache Duft sich zersetzender Algen. Niso liebt es, mit seinem Vater minutenlang schweigend im blauen Lichtspiel des Aquarienraums zu stehen, vor den angelaufenen Scheiben, und den bunten Fischen dahinter zuzusehen, der Vater endlich verstummt, die Gesichtszüge entspannt. Bis er mit seinen Adleraugen plötzlich einen Fisch mit kaum sichtbarem Pilzbefall bemerkt und so energisch, als müsse er einen nahen Verwandten retten, nach dem Verkäufer ruft.

Wenn Nisos Vater ein Meerestier wäre, dann wäre er ein Siamesischer Kampffisch: *Betta splendens* breitet seine farbenprächtigen Bauch- und Schwanzflossen schon bei der geringsten Gefahr aus, um Feinden, selbst doppelt so großen, zu imponieren. Nisos Vater besitzt eine beeindruckende Überzeugungskraft; jeder seiner Sätze endet mit einem drohenden »Oder etwa nicht?«, auf das man allerdings besser nicht antwortet, denn nach Gegenargumenten schnappt er wie eine Muräne nach dem Finger eines Tauchers, wobei er seinem Gegenüber nicht einmal Zeit zum Luftholen lässt und bereits eine hochgezogene Augenbraue als regelrechten Angriff versteht. Forestier zu widersprechen, bekommt keinem gut: Auf Kongressen meidet man ihn wie die Pest, keiner will mit ihm im Promotionsausschuss sitzen. Auf der Insel erfinden alle Ausflüchte, um ihm höchstens abends in der Taverne über den Weg zu laufen, wenn sich sein polemisches Wesen endlich durch einen großzügigen Ouzo beruhigt hat.

Alle sechs Monate nimmt Nisos Vater einen neuen größeren oder kleineren Glauben an. Erst trank die Familie kein Leitungswasser mehr, weil es angeblich bleiverseucht war. Niso und Evi trauten sich beim Sportunterricht ein ganzes Jahr lang nicht, ihren Durst zu löschen, und fürchteten schließlich, nachdem zwei Schüler eines Morgens aus undurchsichtigen Gründen von der Polizei befragt wurden, wie Nero zu enden und, welch furchtbare Aussicht, die Schule anzuzünden.

Dann waren sie ziemlich radikale, mystische Christen, aber nicht länger als ein halbes Jahr. Am Frühjahrsanfang ließ der Vater sich taufen, eine Ganzkörpertaufe in einem eisigen Fluss. Niso und Evi konnten dem nur mit knapper Not entkommen. Später lernten sie Chinesisch (der Kellner eines nahen Restaurants brachte ihnen die Schriftzeichen bei), machten zu Hause in einer Terrassenecke Tai-Chi und aßen frittierte oder gekochte Insekten.

Zuerst haben Niso die ständigen Veränderungen im Familienalltag gestört. Evi dagegen hat sich scheinbar einfach brav und verständnisvoll gefügt. Vielleicht gehört ihr Vater zu den Arten, die ihre Beute mit meisterlicher Tarnkunst täuschen, die die Farben von Felsen, Algen oder Anemonen annehmen und sich je nach Umgebung verändern können. Doch wie viele Kinder ist Niso formbar und hat sich schließlich angepasst.

Ein verblasstes, verschmiertes Schild am Strand droht den Nacktbadenden auf Griechisch mit der Polizei und unklaren Strafen. Es ist ein Überbleibsel aus den Siebzigerjahren, als langhaarige, splitternackte Jugendliche aus aller Welt scharenweise mit der Fähre herkamen, ihre Zelte aufbauten, Gitarre spielten und verbotene Substanzen rauchten. Splitternackte Jugendliche waren unter der Diktatur nicht willkommen, das Schild zeugt von dieser repressiven Zeit. Im Sommer gibt es noch immer ein bis zwei Razzien, zweifellos aus Tradition: Zwei Polizisten, Helm und protziges Koppel, gehen am Wasser Streife und prüfen mit strengem Blick und spöttisch beäugt die Bikinis der wenigen Touristinnen.

Eines Tages erklären die Forestiers, dass sie sich – entgegen dem Trend – in diesem Sommer für den Nudismus entschieden hätten. Forestier ist, anders als die von ihm gepredigte Natürlichkeit erwarten ließe, ein sehr methodischer Mensch. Darum hat er genau festgelegt, welche Stunden der Nacktheit zu widmen sind und wann sich die Seinen bekleiden dürfen, um den Kollegen, wie er sagt, peinliche Situationen zu ersparen. Vor allem den Arbeitern. Als er am ersten Morgen nur mit einem Panamahut auf dem Grabungsfeld ankam, konnten sie keinen einzigen Hieb mehr tun; sie starrten zu Boden, kippten Schubkarren um, blickten sprachlos in den Himmel. Mit seiner großen Statur, nur mit dem Hut bedeckt, dem dicken Bauch, der ungesund weißen Haut – abgesehen vom Gesicht und von den behaarten Waden – und einem Glied, so purpurrot wie die Hintern der Menschenaffen, erinnert Forestier an bestimmte Szenen in Tierfilmen, die unsere Großeltern aufnehmen und die wir immer wieder gucken, wenn auch mit einem gewissen Unbehagen.

Die anderen Archäologen haben sich schnell daran gewöhnt und sprechen ihn nicht darauf an; sie kennen seinen Jähzorn. Doch hinter Forestiers Rücken und in der Taverne machen sie verstohlen immer wieder denselben Scherz mit dem »Nacktquartier«, dem Grabungsfeld »Quartier Nu«, was durch die ständige Wiederholung fast lustig wird. Niso spricht nicht darüber, und wir fragen nicht nach. Wir wissen, wie schnell er sich schämt. Es entspricht nicht seiner Natur, sich in der Öffentlichkeit auszuziehen, er weicht unseren Blicken aus.

Zac dagegen war schon immer gern nackt. Mit drei, vier Jahren stolpert er nackig zwischen den Erwachsenen herum und lacht vor Stolz, weil sie überrascht sind. Gleichzeitig ist er schüchtern, manchmal errötet er schon, wenn man ihn bloß anspricht. Aber sich nackt zu zeigen, ist ihm nicht peinlich, es macht ihm Spaß. Oft springt er ohne Badehose in unsere Bucht, das Sonnenlicht und unsere Blicke fallen auf seine Haut, die zu Ferienbeginn noch sehr weiß im Wasser leuchtet. Den ganzen Tag ist er nackt, aber nachts nicht; auch wenn uns die Haare vor Hitze am Kopf kleben, wickelt er sich in seinen dünnen Laken-Kokon, verschwindet fast unter den Falten. Er versteckt sich nicht, er schützt sich: Der dünne Stoff trennt ihn von der Welt, schirmt ihn ab, sperrt Feinde, Albträume und dunkle Schatten aus.

Auch später ändert sich Zac nicht. Viele Jugendliche zeigen sich nicht gern, ziehen die Schultern hoch, aber Zac nutzt noch immer ganz ungeniert jede Gelegenheit. Seine Nacktheit ist spontan und fröhlich, und weil er so schön ist, gucken wir ohne jedes Scham- und Taktgefühl hin. Nach einer kurzen Dusche – seine Kleidung hat er an der Tür fallen lassen – taucht er gern im Gang auf und lässt sich anmutig, als wäre ihm seine Nacktheit gar nicht bewusst, in einen Verandasessel sinken.

Niso nimmt ihn sich zum Vorbild. In dem Sommer, in dem sein Vater ihn dazu zwingt, erscheint er gequält, aber entschlossen am Strand, zieht sich mit herausforderndem Blick aus, faltet seine Kleidung sorgfältig auf dem Handtuch und geht zum Wasser. Als wir ihn so bleich und ruhig sehen, verkneifen wir uns drei Sommer hintereinander jedes falsche Wort und tun so, als wäre nichts. Peinlich achten wir darauf, seinem Vater immer direkt in die Augen zu blicken und nicht einen einzigen Moment wegzuschauen.

Im Lauf der Jahre wird aus den Überzeugungen der Forestiers ein eklektischer Schmelztiegel, der es völlig unmöglich macht, die kleinste Mücke zu erschlagen oder, wenn man sich auch nur annähernd in einer idealen Harmonie mit der Welt wähnen will, einen einzigen Grashalm auszureißen. Eines schönen Tages ziehen sie diesem Ideal folgend aufs Land, sehr zur Enttäuschung des neunjährigen Niso, der nur wenige Freunde hat und jetzt kaum noch neue finden kann. Evi kommt besser damit klar, in ihrem Alter träumt man noch davon, Tierärztin zu werden, und der zärtliche Blick eines Kalbs mit der Nummer 1245 am Ohr ist Glück genug.

In dem neuen Haus soll an zentraler Stelle, mitten im Wohnzimmer, ein Aquarium stehen. Immer wieder malt Niso sich den verheißungsvollen Tag aus, an dem das gläserne Parallelogramm endlich mit Wasser und exotischen Fischen gefüllt sein wird. Er klammert sich an diese Perspektive, um nicht in der wabernden Angst unterzugehen, die ihn manchmal auf dem Rückweg von der Schule packt oder wenn seine Mutter beim Abendessen plötzlich diesen abwesenden Blick bekommt und er nicht weiß, ob sie überhaupt wirklich da ist. Sein einziger Freund, ein Klassenkamerad, ist von allem Morbiden besessen und erzählt ihm ununterbrochen, wie schnell sich ein Mensch unbemerkt in einen Zombie verwandeln kann.

Die Zombie-These bestätigt sich, als ihre Mutter sie ein Jahr später sang- und klanglos, ohne irgendeine Adresse, verlässt. Auf alle Versuche von Niso und Evi, etwas über die Mutter in Erfahrung zu bringen, reagiert der Vater mit trotziger Stirn und feindseligem Schweigen. Das Aquarium bleibt leer, abgedeckt mit einer lächerlichen Pappe, auf die sie zusammen mit Evi im Stil reinster ägäischer Keramik lächelnde Haie, einen springenden Delfin und drei oder vier Kraken malen.

Um das auszuhalten, verhält Niso sich wie ein Steinfisch: das Jahr über eingraben, möglichst stillhalten, abwarten, bis es vorbei ist, und hoffen, dass einen die Strömung im Juni zur Insel trägt.

Manche kommen völlig überraschend nicht mehr. Es ist, als wären sie nie da gewesen, als hätte die Vergangenheit sie verschluckt. Oder glauben wir das nur, weil wir als Kinder ausschließlich in der Gegenwart leben?

Etwa die Sarestis, ein älteres Ehepaar, das mit seiner brennenden Leidenschaft für den Volkstanz einen Sommer lang die ganze Gruppe ansteckte. Sogar Forestier, der seine ganz eigene Sirtaki-Version entwickelte und in puncto richtiger Schrittfolge oder Haltung der rechten Hand keinen Widerspruch duldete.

Oder die wohlgeformte Isabella, die sich barbusig in die Sonne legte; an ihrer bronzefarbenen Haut und ihren großen braunen Brustwarzen konnten wir uns nicht sattsehen.

Oder Ferrand, der vier Sommer hintereinander da war und uns furchtbar alt vorkam, mit schütterem Haar und mageren, schlaffen Oberschenkeln, die wie schlecht zerlegte Hühnerbeine aus seinen Shorts ragten. Doch er hatte jedes Mal eine sehr junge und andere Studentin dabei, »Meine momentane Freundin«, wie er sie uns unbekümmert vorstellte.

Bitte
ausreichend
frankieren

mareverlag GmbH & Co. oHG

Vertrieb

Pickhuben 2

20457 Hamburg

Christine Avel
Nur hier sind wir einzigartig
Roman
160 Seiten, gebunden
mit Schutzumschlag und Lesebändchen
€ 20,– [D] / € 20,60 [A]
ISBN 978-3-86648-648-5
Erscheint am 27. Juli 2021

Name (bitte in Druckbuchstaben)

Buchhandlung

Verkehrsnummer

Straße

PLZ / Ort

Schreiben Sie uns Ihre Meinung* zu **Christine Avel, Nur hier sind wir einzigartig**
(gerne auch per Mail an vertrieb@mare.de)

☐ Ich bin mit der Veröffentlichung meiner Meinung einverstanden.

....

Datum, Unterschrift

*Als Dankeschön erhalten Sie ein **mare**-Buch Ihrer Wahl (bitte ankreuzen):

☐ Lydia Sandgren, Gesammelte Werke
☐ von Canal/Deutschmann, I get a bird
☐ Isabel Bogdan, Mein Helgoland

Und auch Nisos und Evis Mutter fehlt eines Tages. Niemand kommentiert ihre Abwesenheit oder traut sich nachzufragen, nicht mehr jedenfalls als bei anderen spurlos Verschwundenen. Warum auch? Eine Antwort würde man ja sowieso nicht bekommen.

Zac verschlingt zu der Zeit Science-Fiction-Romane (durch den neuen Ausgrabungsfotografen ist im Arbeitszimmer Philip K. Dick aufgetaucht); als Experte für Raum-Zeit-Spalten liefert er uns die passende Erklärung.

Eine Spalte. Kann man dort hineinsehen? Auf jeden Fall. Die Spalte an der Küste hat uns ausreichend beeindruckt, auch wenn wir neuerdings wissen, dass sie anders als lange geglaubt nicht bis ins Erdinnere reicht, sondern höchstens zwei Meter tief ist.

Kurz gesagt, die Raum-Zeit-Spalte ist eine Art Trichter (»Verstehst du, wie der Trichter, durch den man die Säure auf die Scherben gießt«), durch den unvorsichtige Astronauten eingesogen und irgendwo anders, im Zeitalter von T. rex oder in einer fernen Zukunft, auf der Venus oder in einem Marssumpf, wieder ausgespuckt werden; so wie es der Zufall will, das kann man nicht bestimmen.

Zacs Ton verheißt Unheil. Seine Science-Fiction-Geschichten enden mit grausamem Leid, und genau das bereitet ihm Vergnügen.

»Und dann? Du flunkerst, oder?«

»Und dann kann man sicher sein, dass man sie nie wieder trifft.«

Danach stellen wir uns einige Zeit lang den riesigen intergalaktischen Trichter vor: mit den Sarestis, die bis in alle Ewigkeit fröhlich tanzen und schweben, mit Nisos und Evis Mutter, die uns immer so zärtlich und traurig schien, mit den dänischen Zwillings-Heulsusen, die wir zwei Sommer hintereinander gequält haben, mit dem erotischen Regisseur und seiner grünäugigen Schönheit, mit Jérôme (der stumme Junge aß mit Hingabe seine Popel) und ganz unten vielleicht dem süßen Fellknäuel namens 42.

Die einen gehen, die meisten bleiben, aber im Grunde ändert sich nichts. Die Wege, die Freuden, die plötzliche Erschöpfung sind Jahr für Jahr dieselben. Ein Sommer gleicht dem nächsten wie eine Scherbe der anderen, wenn sie erdverkrustet aus dem Boden kommen. Genau das gefällt uns, dass hier nichts passiert: die immer gleichen Spiele, gemütlichen Abende, tiefen Nächte, ein Sommer, der unmerklich mit einem Schluck zur Neige geht.

Hier gibt es keine extremen Freuden oder Leiden, nur eine wattige Ruhe, ein diffuses Wohlbehagen und Vergessen. Die Prüfungen sind weit weg, die Großeltern sterben nicht, Säufer überleben wundersamerweise die Felsschlucht. Nie passiert auch nur irgendetwas.

Hier können wir leben, hüpfen, woanders schlafen und nach Hause kommen, wie wir wollen: voller Schrammen, Insektenstiche, Kratzer oder Bisse, die Haut vom Salz zerfressen, an den Schultern in Fetzen. Hier können wir halb nackt herumlaufen, mit schwieligen erdroten Füßen, die Shorts voller Flecken, die nie wieder rausgehen.

Hier können wir in der allgemeinen, allseits willkommenen, heiß ersehnten Achtlosigkeit draufgehen.

Schichtenkunde

Alles dreht sich um das Grabungsfeld. Die Pflanzen ums Haus wachsen, die Katzen vermehren sich, aber nur die Ausgrabung ermöglicht eine Zeitrechnung: durch die Fortschritte bei der Grabung, die Zahl der Scherben, die Abfolge der Publikationen. Wenn wir größer werden – woran wir manchmal zweifeln –, dann im Rhythmus der Ausgrabungen. So wurde Evi im Jahr der ersten Bodenproben im »Quartier Nu« geboren oder das schützende Kunststoffdach an Zacs neuntem Geburtstag errichtet.

Zu Anfang – denn es gibt immer einen Anfang und ein Ende, und selbst das scheinbar Beständige ändert sich irgendwann – waren die Bodenproben eine Enttäuschung. Doch im Sommer der sogenannten großen Entdeckung (wir waren noch keine acht Jahre alt) fand man in der westlichen Ecke Werkstätten, Siegel und sogar Tafeln mit einer noch nicht entschlüsselten Schrift.

Die Insel wurde von einem Freudentaumel erfasst, die Ausgrabungen gingen schnell voran, opportunistische Archäologen strömten wie die Goldsucher am Klondike River herbei, manche mit Schaufel, Hacke, Frau und Kindern. Wir waren damals eine große, bunte und fröhliche Schar.

Dann wurde klar, dass die Ausgrabungen nicht ein paar Wochen, sondern Jahre oder Jahrzehnte dauern würden, die Fläche war wesentlich größer als geschätzt und das Budget schmal. Nicht den Ungeduldigen würde sich die Stätte offenbaren, nein, sie verlangte Ausdauer, Schweiß und Tränen. Es handelte sich nicht um ein paar banale Hundert Meter, sondern um einen echten Marathon.

Die Quadranten wurden aufgelöst, einer nach dem anderen; sie wurden aufgerissen, wertvolle Objekte ausgeräumt, das Loch dann mit Sand zugeschüttet. Nachdem die Goldsucher verschwunden waren, stabilisierte sich die Zahl der Kinder, und die Sommer nahmen wieder ihren gemächlichen Lauf.

Nur ein Quadrant bleibt, der neueste, er scheint unerschöpflich: die unvollendete Grabung, das schlagende Herz der Fundstätte. Man muss sich nur einmal ansehen, wie Brovski neben Forestier steht – Hand auf der Hüfte, Fuß triumphierend auf dem Mäuerchen –, sich umschaut und mühsam zu erfassen versucht, was die Ausgrabungsstätte, die jedes Jahr erweitert, neu ausgehoben und entschlüsselt wird, noch an Träumen, Leidenschaften und Begierden bereithält.

Wir gleiten still und heimlich unter das Plastikwelldach, wir lieben es, in die Tiefe zu steigen. Der Eingang ist winzig, ein echtes Mauseloch, die Dorfjungen sind zu dick und schaffen das nicht. Wir halten Abstand zu dem scharfkantigen Metallgerüst und schlüpfen in die Gewächshauswärme. Die Erwachsenen können sich dort nur gebückt bewegen, manchmal nur auf allen vieren, aber die Größten unter uns müssen den Kopf lediglich ein wenig neigen.

Der Geruch nimmt uns schon am Eingang fast den Atem: Staub und Mörtel. Die Erde ist die gespannte, rissige, bebende, schwankende Haut der Insel. Wir spreizen unsere schlammigen, knittrigen Zehen, spüren gern die Wärme, die aus dem Boden aufsteigt, die Verbundenheit mit den magmatischen Tiefen.

Der Boden unter uns ist ein riesiges, zu trockenes Millefeuille mit viel zu wenig Creme, gebacken von einem geizigen, aber begnadeten Konditor, der mit leichter, virtuoser Hand völlig neue Duft- und Geschmackskreationen schafft. Unter unseren Füßen liegen Schichten aus Erdmassen und Mauern. Man hat uns erzählt, dass der berühmte Schliemann jahrelang zahllose Kilometer von hier nach dem alten Troja suchte. Als er sich tiefer und weiter in die Vergangenheit grub, fand er den Boden einer Epoche, schließlich den der nächsten. Jedes Mal glaubte er, das einzigartige Troja gefunden zu haben, und jedes Mal lag er falsch. Wie andere Archäologen später bewiesen, war das sagenhafte Troja – sollte es je existiert haben, da war man sich hier nicht einig – die dritte Schicht. Und ausgerechnet diese hatte der vor Ehrgeiz blinde, maßlose Schliemann ungeniert durchlöchert.

Wir sind unter dem mit einer roten Staubschicht bedeckten Plastikdach gut geschützt; von unten betrachtet ist die Erde unser Himmel. Wir dösen ein, zeichnen in den roten Sand und verwischen unsere Spuren mit der flachen Hand, ehe wir wieder verschwinden. Zu unseren Fundstücken zählen eine tote Ratte, eine zwei Meter lange Schlangenhaut und die Blumensandale eines weiblichen Eindringlings. Eine Scherbe mit stilisierter roter Blume haben wir heimlich in eine Hosentasche gleiten lassen und für immer behalten.

Jeden Sommer nehmen wir an Menauds üblicher Führung teil und tun so, als würden wir – wie die Gäste – alles gerade erst entdecken. Jedes Jahr fällt es uns schwerer, am Stacheldraht vorbei durchs Loch zu kriechen.

Er ist unser Schliemann, auch wenn wir es noch nicht wissen. Betrachtet man die Geschichte unseres Dorfes, dann ist die Ankunft von Gerhard Bauer nur mit dem Blitzbesuch von Nana Mouskouri einige Jahre davor vergleichbar.

Manchmal erzählen die alten Arbeiter mit vor Aufregung bebender Stimme von damals. Unter dem Maulbeerbaum hatte ein Plakat die Tournee der Sängerin angekündigt, das ganze Dorf war zusammengekommen, um sie zu empfangen. Nana, ganz die lächelnde Königin, besichtigte den Ort, küsste den Kleinen von Nikki, der dann später ein großer pausbäckiger Junge wurde (man zwickt dem nun über Zwanzigjährigen, Bärtigen freundlich in die Wange), und trank genau hier einen Kaffee: Die alte Maria zeigt mit krummem Zeigefinger auf den heiligen Stuhl, mit besticktem Kissen und Decke, auf den sich nie wieder jemand setzte. Sie erzählen, wie Nanas Schal wegflog und Yannis ihn ihr wiederbrachte, wie er als Zeichen der Ehre ihre Hand küssen durfte, wovon er sich nie wieder erholte – bei diesen Worten steigen dem Bettlägerigen die Tränen in die Augen.

Gerhard Bauer trägt zwar weder eine so spektakuläre Brille noch eine so makellose Frisur wie Nana, doch seine Ankunft inszeniert er ebenso gekonnt. In der prallen Mittagssonne kommt er im Dorf an, am Steuer eines Jaguar-Cabrios, so glänzend schwarz wie das Fell eines Panthers. Mit grüner Tweedjacke bei 40 Grad, Panamahut auf dem Schädel, schwarzen Handschuhen, Hemd und extravagant buntem Seideneinstecktuch sitzt er lässig rauchend am Lenkrad, den einen Arm ausgestreckt, in der Hand eine unglaublich goldene Zigarettenspitze.

Die weichen, hautengen Handschuhe tragen viel zu seiner Rätselhaftigkeit bei. Gerhard zieht sie den ganzen Sommer nicht aus. Was verbirgt er unter dem dünnen Leder, trotz der Hitze? Er geht nie schwimmen, keiner begegnet ihm je am Strand. Wir können uns nur ausmalen, wie seine Hände aussehen: geheime Stichwunden, Narben oder Verbrennungen, Tribal Tattoos oder Mafia-Zeichen.

Wir kennen sie lange nur als *die Frau des Reeders* oder unter ihrem vielsagenden Spitznamen, *die Verrückte*. Sie will nur eins: Zugang zur Ausgrabungsstätte. Seit wann heißt sie bei uns Helen?

Die Verrückte ist eine ungefähr dreißigjährige Engländerin, die sich für die Archäologie entschieden hat wie andere für den Nonnenschleier. Möglicherweise angelockt durch das klosterähnliche Äußere des Grabungshauses, hat sie ein Auge auf die Grabungen geworfen. Für die Archäologen ist sie ein Kreuz, die Verrückte bedrängt sie, will ein Forschungsthema, eine Gefälligkeit, Unterstützung. Sie wagt es nicht, die Älteren, Guedj oder Menaud, anzusprechen, weil die beiden sie scharf in die Schranken weisen würden, darum fürchten wir, dass sie nach der Siesta zu uns kommt und uns, die Jüngeren, mit ihren Fragen belästigt. Wir haben den Verdacht, dass sie am Dorfrand zeltet; auf der Straße taucht sie plötzlich hinter einem Busch auf.

Sie hat mit großer Leidenschaft viel gelesen: die Ausgrabungsbücher von Sir Arthur Evans, die Berichte von Schliemann, die trockene Fachzeitschrift *Bulletin de correspondance hellénique*, von der sie angeblich zahllose Ausgaben besitzt.

Ihr Forschungsobjekt, sagt sie, werde bei den Grabungen grundlos vernachlässigt: die gefundenen Schnecken und Muscheln, oder wie sie jedes Mal sagt, *die Weichtiere*, wobei sie die erste Silbe übertrieben deutlich ausspricht. Nur Niso könnte das verstehen, aber er ist zu der Zeit damit beschäftigt, die Tiefen unserer Bucht zu erkunden.

Die ersten Versuche der Verrückten bleiben fruchtlos. In der Forschungswelt kann nur überleben, wer geschickt zu lavieren versteht, und ihre Zielpersonen lernen schnell, das Hindernis zu umschiffen. Sie hören ihr wohlwollend zu, bieten ihr auf der Veranda ein Zitronenwasser an, zeigen ihr den Magazinraum, lassen sie einen Blick auf die Scherben werfen, schläfern sie dann mit versöhnlichen Worten, vagen Versprechungen und folgenlosen Ermutigungen ein, ehe sie sie eifrig und unendlich erleichtert zum Tor begleiten, wo sie entwaffnet, mit bebenden Lippen und tränenfeuchten Augen zurückbleibt.

Als sie begreift, dass man sie an der Nase herumführt, bekommen wir einige eindrucksvolle Wutanfälle mit. Sie ist eine aufsehenerregende Frau: groß, sehr blond, schön wie Meryl Streep als Baronin, mit markantem Kiefer, stechendem Blick, in fließenden weißen Kleidern. Sie schlägt sich gegen die Brust, schluchzt und japst aufgebracht; eine ergreifende Desdemona oder eine furchtbare Medusa.

Brovski konnte einer Frau mit ringenden Händen, einem Blick wie ein geprügelter Hund und tiefem Dekolleté noch nie etwas abschlagen. Nur Forestier, den man zu Hilfe ruft, zeigt keine Gnade: »Eine hervorragende Schauspielerin, zweifellos«, sagt er in trockenem Ton, »aber mit dem spärlichen Lebenslauf – reiche Ehefrau, Kunstgeschichte – völlig unmöglich.« Nach jeder neuen Zurückweisung fährt Gerhard, ganz der perfekte Gentleman, die Lady mit seinem Jaguar zurück ins Dorf, und wir blicken ihnen von der Küste aus hinterher, dem weißen Schal im Wind, der in der Sonne funkelnden Karosserie auf der kurvenreichen Straße.

Niemand kann uns von hier verjagen. Wir gehören zur Familie der Auserwählten.

Gemeinsam mit den Grabungshelfern den Boden säubern, in der Pinkelpause auf das Grabungsheft aufpassen, am Magazineingang die schwarzen Kunststofftaschen ausräumen. Sortieren, waschen, abspülen, ein, zwei, drei Mal. Die Scherben auf dem Tisch ausbreiten, nach Farben, Motiven und Stärken sortieren, die zusammenpassenden Teile finden, nach dem fehlenden Teil suchen. Gips anrühren, Pigmente mischen. Teile nummerieren, Stoffbeutel etikettieren, einräumen, die Referenznummer auf der Schublade vermerken. Das sind unsere kleinen Aufgaben, die wir als Ehre empfinden.

Unsere Puzzles bestehen aus über zehntausend Teilen und ruhen noch unter der Erde: Die zerbrechlichen Scherben haben die Jahrhunderte überdauert, wurden vom Pflug an die Oberfläche gehoben, von Eselshufen hin und her geworfen, und wir sammeln sie nun wie reife Früchte auf.

Gerhard Bauer ist auf dem Grabungsfeld der Eifrigste, er hält sich für unersetzlich, dabei wird er von den anderen nur toleriert. Wir sind wie Schmeißfliegen, die man ab und zu verscheucht, etwa wenn wir uns kaputtlachen oder über die Quadrantenschnüre stolpern.

Wir geben uns Mühe, arbeiten schnell und gut. Wir wollen von den besten Arbeitern anerkannt werden, konzentrieren uns mehr als jemals in der Schule, die Zunge zwischen den Lippen, die Augenbrauen zusammengekniffen, wir zappeln nicht mit den Füßen und wippen nicht mit dem Stuhl.

Unsere allerersten Bilder sind Zahlen, die wir höchst sorgfältig mit schwarzer Tinte malen. Zuerst der Lack, fingerbreit auf einer flachen Stelle, dann die Feder, man darf bloß nicht zittern, der Strich darf nicht zu schmal und nicht zu breit sein, nicht übermalen, zu viele »nicht« für unser Alter, es ist schwierig, auf unserer Stirn sammeln sich dicke Schweißperlen, aber aus Angst vor einem Fehler oder einem hässlichen Klecks zeichnen wir den Geheimcode, den man nur uns mitgeteilt hat, ohne abzusetzen, zu Ende. Jede einzelne Scherbe ist wirklicher und wichtiger als unser Spielzeug und unsere bunten Sandeimer, bedeutender sogar als das Schweizermesser, das Niso von seinen Großeltern bekommen hat und von dem er sich nur beim Tauchen trennt.

Als der Sommer zu Ende geht und Gerhard Bauer im Magazin seine Handschuhe auszieht, sind wir zutiefst enttäuscht: keine Siegernarben oder Tätowierungen, nur ein bisschen Ausschlag.

Die Verrückte (Helen, weist uns Gerhard damals schon zurecht) hätte zur Vernunft kommen können, aber sie hat lieber ihren Mann zu Hilfe geholt. Was er beruflich genau macht, weiß keiner: Anwalt, Reeder, Bankier oder Waffenhändler? Jedenfalls muss er gut verdienen, wenn man sich die Kleidung der beiden ansieht, ihre makellose Bräune und tadellose Figur oder die große, protzige Goldkette unter seinem teuren, weit offen stehenden Hemd. Also ein echter Beruf, in der Wirtschaft, zeitgemäß, anders als der unserer Väter. Sein Nachname ist örtlich eindeutig zuzuordnen, und darum, erklärt er immer wieder, hänge er an dieser schönen Insel und seinem Vermögen, auch wenn sie eigentlich in Athen und in Jetset-Orten wie Gstaad oder gar Miami leben, wo wir nie hinkommen werden.

Seine Annährungsstrategie ist nicht so spektakulär wie die seiner Ehefrau, aber dafür viel konkreter. Er schleicht um die Archäologen herum, klopft ihnen auf die Schultern, verspricht ihnen eine Segeltour und gibt sich mit uns, den Kindern, ab. Wenn wir gegen Abend erschöpft auf der Veranda sitzen, um wieder zu Kräften zu kommen, scharwenzelt er um uns herum.

Wir sind fasziniert von seinem Reichtum, düsteren Blick und katzenhaften Lächeln und antworten fügsam und leise auf seine Fragen. Wie sieht es mit unserer Schullaufbahn aus? Wäre ein Halbjahr in der Schweizer Privatschule einer seiner Freunde nichts für uns? Hätten wir nicht Lust auf einen Sprachaufenthalt in den USA im nächsten Jahr? Oder auf eine Kreuzfahrt zu den Seychellen? Wir haben große Lust. Doch zu unserem Bedauern befiehlt man uns, standhaft zu bleiben.

Gerhard ist in nicht einmal drei Jahren zu unserem Modepapst aufgestiegen. Auch ohne seine Handschuhe hat er mit seinem Wagen und seiner Zigarettenspitze *verdammt noch mal Stil*. Das sagt Brovski bewundernd und pfeift beim Anblick des glänzenden Autos durch die Zähne. Wie Gerhard tragen nun auch die anderen beim Graben stolz einen Panama- oder Strohhut und (dankenswerterweise) nicht mehr wie vorher verknotete Tücher, lächerliche Anglerhüte oder Kappen mit Nackenschutz. Als der Kopfbedeckungstrend erfolgreich gesetzt ist, führt Gerhard uns in die Touristenjagd ein. Wer sonst hätte uns alle so schnell mitreißen können?

Zu der Zeit sind Touristen noch selten. Doch für uns sind sie Feinde, wie die Skorpione, die wir auf der Mauer zertreten. Die missbilligenden Blicke und herablassenden Bemerkungen der Erwachsenen haben uns überzeugt: Touristen sind schädlich, Außerirdische, hinter deren Lächeln sich eine ausgeprägte Zerstörungswut verbirgt, versichert uns Zac. Sie wagen sich in unsere Bucht, lassen leere Bierdosen am Strand zurück, schleichen um die Ausgrabungsstätte herum und wollen an unsere Schätze; auf der Suche nach einem Urlaubssouvenir nehmen sie schamlos Scherben mit. Das alles ist illegal, wie uns die Erwachsenen ununterbrochen sagen, sie kennen keinen Respekt vor den kaum sichtbaren Mauern und klettern auf die letzten zerbrechlichen Treppenplatten. Mit einem wütenden Pfiff und im vollen Bewusstsein ihrer Bedeutung rufen die Palastwächter sie darum zur Ordnung.

Nie käme uns der Gedanke, dass unsere Freunde, Cousins oder Großeltern, die uns auf der Insel besuchen, auch Touristen sind, oder wir, wenn wir mit unseren Eltern nach der Fahrt auf das griechische Festland stundenlang erschöpft und durstig (Archäologenfamilien lieben lehrreiche, anstrengende Besichtigungen) über das Gelände von Delphi oder Olympia laufen.

Doch bisher hatten sich die Touristen noch nie auf das Grabungsfeld gewagt. Vielleicht hat das Plastikwelldach ihre Neugier geweckt, und sie wollten – sehr menschlich – wissen, was sich darunter verbirgt. (Darunter? Scheinbar nicht viel: aufgeschichtete Steine, ein paar Keramikscherben, für uns aber ein heiliger Ort.)

Beim ersten Mal schlägt Gerhard Alarm, wie auch später. Er hat einen scharfen Blick und ein gutes Ohr. Er erspäht den

Lichtschein hinter der Umzäunung, unter dem Dach, und erkennt verdächtige Geräusche, das dumpfe, durchdringende Klopfen einer Hacke.

Die Touristenjagd findet nur nachts statt. Man braucht Erfahrung, Übung und List, denn der Tourist ist hinterhältig und außerdem schnell. Am Abend kontrollieren wir noch einmal unsere Ausrüstung und legen sie griffbereit hin: eine funktionierende Taschenlampe, einen Topf und einen stumpfen Gegenstand (ein Schöpflöffel tut's). Wir sind Pfadfinder, wir schreien den Vandalen hinterher, die sich aus dem Staub machen und querfeldein laufen, verfolgen sie unermüdlich, atemlos, mit zerkratzten Beinen. Wir lachen noch lange, die Faust siegreich erhoben.

Wir finden immer mehr Gefallen daran, wie Jagdhunde am Blutgeruch. Schon bald wird es zur Gewohnheit, ein herbeigesehntes Ritual, der heldenhafte Moment, der allein dem Sommer Bedeutung verleiht. Mit großen, federnden Schritten, angespannten Muskeln und – in sicherer Erwartung des Ruhms – leuchtenden Augen jagen wir Touristen wie andere Großwild, voller Vertrauen auf unseren Mut und die improvisierten Waffen.

Mit der Touristenjagd beginnt auch das goldene Zeitalter der Ausgrabungsstätte, und sein Auftakt ist triumphal.

Niso ist der Geduldigste, er arbeitet am sorgfältigsten. Nur er hat darum das sakrosankte Recht, die zu großen Plastikhandschuhe überzustreifen, das Sieb zu nehmen und die Scherben in das Säurebad zu tauchen.

Stolz stellt er sein Vorrecht zur Schau. Wie ein Alchimist bewegt er die Tonscherben sachte hin und her und hebt das Sieb immer wieder an: Die Bruchstücke sind verwandelt, nicht mehr erdig, sondern bunt, zart bemalt, mit perfekten geometrischen Mustern und blauen Tintenfischen. Niso hat ein Auge dafür, unter Tausenden Scherben findet er diejenigen, die sich zu einem Gefäß zusammenfügen lassen, schon als kleines Kind besaß er diese Gabe, so wie andere den grünen Daumen oder das absolute Gehör.

Einige von uns sehen die ganze Zeit zu, wie Niso in der Zimmerecke schweigend, präzise, konzentriert und mit ruhmesroten Wangen immer wieder aufs Neue den Sieg davonträgt.

Wir alle wissen, dass er eines Tages Archäologe wird. Das ist offensichtlich. Wir wissen noch nicht, wie zerbrechlich das Offensichtliche ist und dass es beim kleinsten Windstoß zerreißt.

Vermessung

Als Niso Stella zum ersten Mal begegnete, sah sie ihn an, als habe sie auf ihn gewartet.

Er und Zac hatten einen der Erwachsenen zum Dorfladen begleitet. Gleich mussten sie helfen: das Restgeld nachzählen, die Einkäufe auf den Pick-up laden. Sie warteten, saßen auf dem Boden, knabberten an Rosinen, im Hintergrund die ewigen Klagen des Ladenbesitzers über mäßige Einnahmen, die stickige Hitze, die jämmerliche Qualität der Festlandtomaten, seine Krampfadern und die undankbare Jugend.

Stella stand ein paar Meter weiter im schmalen Schatten der Gasse. Mit ihren kastanienbraunen, zu einem braven Pferdeschwanz gebundenen Haaren wirkte sie ein oder zwei Jahre älter als er. Die Erinnerung schwankte im Lauf der Zeit, mal schien das Bild verdunkelt, dann überbelichtet.

Sie lächelte nicht und sagte auch nichts, hielt seinem Blick aber stand, er musste zuerst zwinkern. Doch plötzlich haute sie ab, Zac zerrte an seinem Ärmel, ungeduldig, die Einkäufe im Auto, der heiße Asphalt. Niso erinnert sich, wie ihm der Schweiß den Rücken hinablief, Zac ihn antrieb, »Komm schon, wir fahren«, und wie er den Moment lächerlicherweise festhalten wollte.

Später, sehr viel später will er ihn dann aus seinem Gedächtnis streichen und nie mehr daran denken. Vergeblich.

Die Grabungshelfer arbeiten in der Hocke oder knien auf dem Boden, die Archäologen stehen. Die ältesten Arbeiter sind so zuverlässig wie treue Jagdhunde: Man lobt ihre gute Nase und die Feinfühligkeit ihrer großen, schwieligen Hände. Sie hören auf die Namen Nikos, Stavros oder Yannis, haben alle ein zerfurchtes Gesicht mit tiefen Stirnfalten und sind scheu, wenn sie am Grabungshaus um Wasser betteln.

Manche, so heißt es, seien Freunde geworden; zivilisierte Freunde, die unsere Familien einmal im Sommer feierlich zu sich nach Hause einladen. Dann zeigen sie uns ihr Dorfhaus, ihren großen, auf Pump gekauften Fernseher, die geklöppelten Spitzendeckchen und die nagelneuen Möbel, auf die sie offenbar stolz sind. Belustigt und nachsichtig lächelnd schauen wir uns um, wie manche unserer Mitschüler, wenn sie unsere Beamtenwohnungen begutachten. Ihre Väter fahren Audi, sie verbringen ihre Ferien in der Schweiz, schwimmen im eigenen Hallenbad und machen sich hinter unserem Rücken, wie uns ein paar perfide Bemerkungen verraten, über unsere abgenutzten Sofas, die Resopalküchen und die Cordhosen unserer Väter lustig. Jetzt haben wir unsere schäbige Revanche.

Am Familientisch der Grabungshelfer jagt ein Gericht das nächste, unsere Teller sind mit einfachen, nahrhaften Gerichten überladen, Kartoffeln und Fleisch mit Soße, als Vorspeise Wasser- und Honigmelone, Oliven und Feta, und seltsamerweise, ausdrücklich als erster Gang, immer ein riesiger Teller Spaghetti. Zum Nachtisch klebriger Honigkuchen mit reichlich Raki. Unsere Mägen platzen schon, doch man beschwört uns, aufzuessen, kaum ist der Teller leer, füllt er sich wieder, undenkbar, Nein zu sagen, der anfängliche Genuss verkehrt sich in Qual, unsere Augen tränen vom Alkohol, schließlich gehen wir, nur noch mühsam aufrecht, in den Ohren die Litanei wechselseitiger Komplimente.

Auf ein Zeichen der Erwachsenen hin überreichen wir Stella die blonde, bleiche Kaufhauspuppe mit dem zartlila Rüschenkleid, die wir für sie mitgebracht haben. Sie traut sich nicht, die Verpackung aufzureißen, mit ihren kurzen Fingernägeln müht sie sich unbeholfen an den Klebestreifen ab, die Lippen aufeinandergepresst, ihre Mutter eilt ihr mit gezwungenen Freudenschreien zu Hilfe.

Der Dank will nicht enden, wir blicken auf unsere Füße. Stella streicht mit den Fingern vorsichtig über die Puppe, die auch im nächsten Sommer noch makellos unter ihrem Plastikschleier auf dem Buffetschrank thront, neben anderen der Größe nach aufgereihten Spielzeuggeschenken.

Die Dorfjungen – die Söhne der Arbeiter, des Ladenbesitzers, einiger Händler – sind unsere natürlichen Rivalen. Sie lachen über uns, aber nur von Weitem; sie misstrauen uns. Wir ihnen auch. Immer sind sie zu mehreren, und ihr raues, vulgäres Griechisch verstehen wir nicht. Nur widerwillig betreten wir ihr Terrain, die weißen Gassen. Die Mädchen bleiben in den Innenhöfen oder auf dem Dorfplatz, wo wir nie hingehen.

Wir machen uns über die angebliche Trägheit der Jungen lustig, über ihre Pummeligkeit und das Päckchen türkischen Honig in ihrer Hand, darüber, dass ihre Mütter sie vollstopfen, echte kleine Ferkel. Und sie lachen über Zacs Haare und unsere rosarote Haut; ihre ist rau, fast schon rasiert. Wenn sie von Weitem Zac erblicken, ahmen sie eine Schere nach, mit einem drohenden Schnipp-Schnipp.

Wir gehen nicht gern ins Dorf, nur Niso trotzt der Gefahr und meldet sich jedes Mal freiwillig zum Einkaufen. Wenn er zurückkommt, vertraut er es uns manchmal an: Oft glaubt er, hinter sich etwas zu hören, vermeidet dann jede abrupte Bewegung und dreht sich nicht um. Erst ganz zum Schluss oder an der nächsten Kreuzung schaut er vorsichtig über die Schulter nach hinten. Er sieht Stella nie, aber erahnt ihren Schatten, spürt ihre Nähe und ist sich sicher, dass auch sie am Morgen auf ihn gewartet hat.

Manchmal finden die geduldigen Hände der Grabungshelfer vollständig erhaltene Muschel- und Schneckengehäuse, die genauso aussehen wie die, die Niso in unserer Bucht sammelt. Wenn er sie zwischen Tonscherben entdeckt und dann im Säurebad langsam ihre zarten Formen zum Vorschein kommen, schnürt es ihm die Kehle zu, und er murmelt ihre Namen wie die alter Freunde.

Auf der Insel würde er sich niemals trauen, Fische zu fangen. Dabei kann er gut tauchen, besser als Zac; mit Leichtigkeit könnte er Tintenfische oder Sardinen in selbst gemachte Fallen locken. Aber er musste seinem Vater (strenger Blick, erhobener Zeigefinger, mit dem für ihn manchmal typischen Anflug von Wahnsinn) schwören, keinem Fisch je etwas zuleide zu tun, und das Versprechen hat er gehalten.

Außerdem möchte Niso gar keine Fische töten, er hasst den so eindringlichen, menschlichen Blick, wenn sie sterben, das stille Leid mit zuckenden Kiemen und halb offenem Mund. Obwohl er häufig zu den eingelaufenen Fischerbooten im Hafen geht, kann er das morbide Schauspiel am

Fischstand nicht ertragen. Der vom Vater auferlegte vegetarische Speiseplan war im Grunde eine Erleichterung.

Aber für Muscheln und Schnecken gilt der Schwur nicht. Angesichts der unverrückbaren väterlichen Überzeugungen hat Niso als guter Jurist, der er einmal werden sollte, gelernt, sich die kleinste Lücke zunutze zu machen – wie die Drückerfische der Korallenriffe.

Er wird zum Experten für Weich- und Krustentiere. Am liebsten mag er die Purpurschnecke mit ihrer langen Spitze, die majestätische Jakobsmuschel, den Pelikanfuß mit den schillernden Farben und die große, zerbrechliche, geschützte zweiklappige Muschel *Pinna nobilis*. Er kennt über fünfhundert Mittelmeerarten, ihre lateinischen Namen, Sitten und Gebräuche, möglichen Färbungen und feinsten Varianten, ihre heimlichen Lebensräume und lächerlichen Versuche, sich vor Feinden zu verkriechen. Er kann die schönsten Muscheln und Schnecken im Wasser aufscheuchen und rubbelt vorsichtig ihre Verkrustung ab, damit ihre Färbung aufscheint.

Viertausend Jahre vor ihm haben schon andere stundenlang in den Algen gewühlt, und wenn in der Ausgrabung ein Gehäuse entdeckt wird, fühlt sich Niso diesem näher als allem Lebenden. Liebend gern dringt er, wie die Arbeiter, in den Boden vor, gräbt und schiebt die Finger unter die Felsen. Das gefällt wohl auch den Grabungshelfern, natürlich auch die aufregenden Entdeckungen, mehr jedenfalls als Kartoffeln anbauen oder Tomaten pflücken.

Wenn Niso den Boden betrachtet, träumt er manchmal davon, dort hineinzugleiten wie unter eine flüssige Haut und still, mit weit geöffneten Augen in den warmen Tiefen zu versinken.

Die beiden sind die Einzigen aus dem Dorf, mit denen wir mehr zu tun haben. Als dann an der großen Straße am Dorfanfang die Taverne aufmacht, werden Stella und Mikalis zu einem echten Teil unseres Lebens. Ihr Vater ist ein früherer Grabungshelfer, ihre Mutter arbeitet als Köchin für uns und lässt die Kinder tagsüber mit uns spielen. Niso nimmt die beiden unter seine Fittiche; wir akzeptieren sie, Stella bedingungslos, Mikalis widerwillig.

Stella ist eine Treibhauspflanze, die im Brachgelände gekeimt hat. Ihre Knochen sind zart und ihre Handgelenke so dünn wie Evis; man kommt mit Daumen und Zeigefinger einmal ganz herum. Also das genaue Gegenteil ihrer Eltern: Der kleine, dicke Vater mit dem runden, lachenden Gesicht – kurzum klobig – ähnelt den knorrigen Olivenbäumen der Gegend, und auch die Mutter ist kräftig gebaut. Selbst der Vorname ist ungewöhnlich. In einem Dorf, in dem alle Mädchen Maria oder Nana heißen (wegen der durchreisenden Sängerin), fällt Stella auf.

Ihren Bruder dagegen verachten wir; wenn wir schneller gehen, um ihn abzuhängen, will er uns, stur, wie er ist, unbedingt überholen. Erst wenn in unserer Bucht die großen Wellen auftauchen, kann sich Mikalis, das Dickerchen, seine Sporen verdienen: Das ist seine Prüfung, er weiß es und taucht noch vor uns unter den Brechern durch. Bald nennen wir ihn Mika – eine simple, aber nett gemeinte Verkleinerungsform. Als er das hört, ist er übertrieben stolz, hüpft aufgeregt auf der Stelle, klopft uns reihum auf den Rücken und rennt, unfähig, seine Begeisterung zu bremsen, in Richtung Dorf.

In der Dorftaverne sitzen wir immer an einem Gemeinschaftstisch auf der Terrasse. Noch bevor wir erscheinen, rückt der Wirt mehrere Tische zu einer langen Tafel zusammen; es sieht aus wie im Mittelalter, im alten Rom, beim letzten Abendmahl oder in der Mensa. Abend für Abend wird das gleiche Stück aufgeführt, mit leichten Variationen.

Einer sagt (entschieden): »Wir nehmen Retsina.« Ein anderer (mit spitzerer Stimme): »Gegrillten Feta.« An beiden Tischenden wird um die Bestellungen gewetteifert, im Crescendo, und der Wirt schreibt alles so ungerührt auf wie der Schiedsrichter beim Fußballspiel.

Jeder hat seinen Platz, die Dinosaurier Guedj und Menaud am entgegengesetzten Ende, damit sie sich nicht streiten. Sie werden allerdings nie aussterben, obwohl sie das Rentenalter angeblich schon seit Jahrzehnten erreicht haben, ihre Gehässigkeiten halten sie am Leben. Wir alle bewundern ihre blühende Gesundheit, uns verblüfft ihre gnadenlose Feindschaft. In unserem Alter kennen wir noch keine anderen Feinde als die Mücken, Schlangen und Skorpione, die wir von morgens bis abends beharrlich und ohne Unterlass bekämpfen. Guedj und Menaud halten sich beide für die Gründer der Ausgrabungsstätte, aber es besteht kein Zweifel: Schuld an ihrer Feindschaft kann nur der unerbittliche Hass der nachtragenden griechischen Götter sein.

Seit Stella laufen kann, bedient sie draußen. Der Vater ist drinnen, die Mutter am Herd und Mikalis nirgendwo. Weil er lebenslänglich von jeder lästigen Pflicht befreit ist, fläzt er sich auf einem Stuhl, lässt die Füße baumeln und starrt auf den Fernseher unter der blauen Lampe, in der die Mücken unter Todesgestank verkohlen.

Bei der Arbeit wirkt Stella nicht widerwillig, aber auch nicht besonders fröhlich. Sie bringt die Papiertischdecke, breitet sie mit einer geübten Bewegung aus, befestigt sie mit

Plastikklemmen am Tisch, legt das Besteck hin, holt Brot, Wasser, die Teller und ist bei allem so abwesend, als habe sie uns noch nie gesehen, als habe ein eineiiger Zwilling mit genau denselben feinen Gesichtszügen, ihrem Grübchen und ihren braunen Augen den ganzen Nachmittag mit uns gespielt, gelacht und Hände haltend die Gegend erkundet. Wenn sich unsere Blicke zufällig treffen, geht ihrer durch uns hindurch, so leer wie der von einem frisch gefangenen Fisch.

Wir verdrücken uns zwischendurch, wann immer es geht, ohne Stella weiter zu beachten. Uns locken der Hafen, der Schlickgeruch, die hellen Scheinwerfer und tanzenden Lämpchen der Fischerboote, das sanfte Plätschern des ablaufenden Wassers, die schillernd leuchtenden Ölflecke. Wir laufen die Treppe hinunter, springen im Geplätscher von Fels zu Fels, fasziniert von dem schwarzen und unter den Laternen schimmernden Wasser, wir spielen, wer sich am nächsten rantraut, steigen nass und zitternd wieder nach oben und setzen uns auf die Felsen. Wir könnten herunterfallen und im glatten Hafenwasser verschwinden, ohne dass ein Erwachsener es überhaupt bemerken würde.

Ihre Tischgeräusche steigen gedämpft zu unserem Felsvorsprung auf: Gesprächsfetzen, Gelächter, der plötzliche Widerhall erbitterter Wortgefechte, zu Bruch gehende Teller oder Gläser und dann wieder Lieder, jemand schaltet das Radio ein, Wogen rasender Musik legen sich über alles. Von Weitem beobachten wir, wie sie – schon betrunken – aufstehen und tanzen, zwischen den Stühlen zur runden Tanzfläche torkeln und in einer lächerlichen Mischung aus Sirtaki, Tango, Walzer und Disco die Arme heben und energisch mit den Fingern schnipsen.

Dann wird es dunkel, pechschwarze Nacht, das Hafenbecken wirkt bedrohlich tief, nach und nach erscheinen wir auf der Terrasse, Zac als Letzter.

Wenn wir gehen (unklar, wer darüber entscheidet – seltsamerweise erheben sich, ob betrunken oder nüchtern, alle auf einmal), lassen wir auf dem Tisch – wie eine Opfergabe oder die Reste einer Orgie – immer noch jede Menge Essen zurück, das Stella, Hals und Oberkörper gestreckt, in der Mitte der weißen Papiertischdecke mit einer einzigen kreisförmigen Bewegung zusammenschiebt.

In dem klapprigen Pick-up, der uns nach Hause bringt, lehnen wir uns erschöpft aneinander, kuscheln uns zusammen wie die frischen Würfe im Arbeitszimmer, die sich keiner je getraut hat zu ertränken.

Ein- oder zweimal im Sommer kommen die Wellen. Wie die Surfer in Hawaii halten wir von weiter oben danach Ausschau. Mika, der immer als Erster da ist, gibt den Startschuss.

Das ganze Halbrund der Bucht sieht mit dem sachten Gefälle und der steinigen Küste harmlos aus, aber die Wellen sind tückisch, verändern unvermittelt Form, Richtung und Rhythmus, und wenn das Meer zurückgeht, wird man von einer starken Strömung nach draußen gezogen. In unserer kleinen Bucht kommen die grausamen, gewaltigen Wellen krachend an. Wir stellen uns ihnen Hand in Hand entgegen. Die Mutigen klammern sich so gut es geht an einem Stein fest und werden vom Wasser hin und her geworfen.

Nur Stella ist eine schlechte Schwimmerin, den Kopf über Wasser strampelt sie wie wild; doch auch mit gerecktem Kinn, und obwohl sie beherzt und klaglos vor den anstürmenden Wellen flüchtet, schluckt sie als Erste Wasser. Niso und Zac nehmen sie stolz in die Mitte. Um nichts auf der Welt würde Stella zugeben, dass sie Angst hat. Sie hält ihre Hände ganz fest, die dünne, feingliedrige von Niso, die breitere von Zac, mit Ballen so weich wie Katzenpfoten.

Wenn die großen Brecher kommen, werden wir mitgerissen, sind benommen, haben Sand im Mund, Ohrensausen und brennende Augen. Nur Mika stürzt sich ohne Zögern in die Wellen und kommt siegreich wieder empor. Wir werden herumgewirbelt, gleich wieder von der nächsten sprudelnden, schäumenden Welle umgeworfen, und wenn der Kopf endlich über Wasser ist, sehen wir nichts als eine gespenstische, dunkle, drohende Felsspitze am Ende unserer Bucht.

»Hey, träumst du?« Um die Angst zu verscheuchen, wanken wir hin und her, ein Schulterklopfen, wir nehmen uns wieder an den Händen, da kommt schon die Nächste, »Los!«. Unbesiegbar tauchen wir wieder auf, die Wellen sind wie eine Reinigung, und jedes Mal, wenn wir die Nachbarhände drücken, um gemeinsam oben zu bleiben, besiegeln wir einen Pakt.

Stella stürzt sich nicht in die kleine Bucht. Sie springt nicht mit uns um die Wette, sondern wartet abseits auf der Steinplatte, dicht am Fels, das Gesicht im Schatten. Sie liest nicht, spricht nicht, wackelt nicht mit den Zehen. Wenn sich einer von uns ins Wasser stürzt, schreit er manchmal kurz vorher ihren Namen, »Stella, Stella«, als wolle er bestätigen, dass sie da ist und zu uns gehört. Nur dann schiebt Stella eine Schulter aus dem Schatten und hält schützend die Hand über die Augen, sagt aber nichts.

Die ersten Muscheln und Schnecken hat Niso heimlich aufbewahrt, erst in der Hosentasche, dann in einem Eimer, doch der Geruch war bestialisch. Dann hat er gelesen, dass sich die Gehäuse ein Leben lang halten, wenn man sie *richtig* konserviert, das heißt alle organischen Bestandteile entfernt.

Mit Säure kennt er sich schon bestens aus, jetzt lernt er die Vorzüge der ungefährlicheren und wirkungsvolleren Chlorbleiche schätzen. Er nimmt immer nur wenig Bleiche aus der Flasche und füllt sie in ein Marmeladenglas, das er aus der Küche hat mitgehen lassen. Die Gehäuse bereiten ihm moralisch weniger Probleme: Der schwarzen Murmel am Fühler des Einsiedlerkrebses fehlt das stumme Flehen der Sardine.

Er experimentiert mit der richtigen Dosis und Dauer, damit das Gehäuse wirklich sauber wird und er keine Unebenheiten mehr abschaben muss. Sein Zimmer liegt ganz hinten im Magazin, die Wände der winzigen Abstellkammer sind übersät mit zerdrückten Skorpionen, bei deren Anblick man Gänsehaut bekommt. Niemand, nicht einmal die Erwachsenen, setzen dort gern einen Fuß hinein, seine wertvolle Sammlung kann er also vollkommen sicher unter seinem Bett lagern. Manchmal – und das ist eine ganz besondere Gunst – dürfen Zac oder Evi ihn besuchen, die Sammlung betrachten und ihn etwas fragen. Aber nie die ganze Gruppe.

Wenn Niso das Tier ins Glas wirft, spürt er starken Ekel wie bei einem Mord, doch er schenkt ihm einen Glanz, der länger währt als das Leben, gewährt ihm die Ewigkeit der Mumifizierung und hebt es auf eine Ebene mit den Purpurschnecken der Ausgrabung.

Die Seeigelgehäuse, die mit ihren zarten Grün- und Violetttönen so zerbrechlich wie Seifenblasen sind, gibt er Stella. Stumm hält sie ihm die Hand hin, vorsichtig legt er sein Geschenk hinein. Niso kann sich in der Gruppe mit klarer Stimme durchsetzen, aber bei Stella schweigt er, tritt unschlüssig von einem Fuß auf den anderen, den Blick auf den Seeigel geheftet, aus ein paar Strähnen tropft ihm Wasser ins Gesicht und läuft um den roten Abdruck der Taucherbrille herum, den er abends immer noch hat. Stella hebt das Gehäuse an und fährt, um den Mund ein angedeutetes Lächeln, vorsichtig mit den Fingern über die Rillen.

Nur ein einziges Mal stößt jemand (Evi? Mika?) Stella aus Spaß oder Eifersucht ins Wasser. Voller Panik kann sie sich gerade noch am Fels festhalten. Als sie wieder auf der schattigen Steinplatte sitzt, beißt sie sich vor Schmerz auf die Lippen und hält sich den Fuß: Ihre Fußsohle ist mit winzigen schwarzen Pünktchen übersät. Den ganzen Nachmittag zieht Niso geduldig Stachel für Stachel heraus und überlässt die anderen ihren Kopfsprüngen und Spielen.

Nur die beiden, vollkommen konzentriert, er auf seine präzise, sorgfältige Handbewegung, sie auf den Schmerz in jedem Millimeter ihrer Haut. Nur sie beide, wie sonst nie, seit Niso damals als Kind allein, mit Stellas Schatten im Rücken, zum Einkaufen ging; nur sie beide unter den Blicken und Spötteleien der Gruppe.

Für Niso ist dieser Moment noch lange, auch noch lange nach der Insel, eine wertvolle, unversehrte Erinnerung, die aus den ununterscheidbaren, unzähligen Sommern herausragt wie ein glitzernder Eisberg aus dem Wasser.

Irgendwo muss geschrieben stehen, dass der Archäologe Gerhard Bauer beim Graben nie etwas finden wird. Doch als er, wieso auch immer (Wer gab ihm das Recht? Wo? Warum?

Eine geheime Absprache mit den Behörden? Bestechungsgelder? Eine rätselhafte Dienstleistung?), nach zwei Sommern in einem noch unerforschten Abschnitt der südlichen Palastecke graben darf, entwickelt er sofort eine beträchtliche Energie und bewegt, des Langen, Breiten und auch in der Tiefe, reichlich Erde.

Die Stadt scheute keine Kosten und stellte einen Bagger zur Verfügung, der auf einem riesigen Lastwagen ankam. Und Gerhard verpflichtete auf eigene Kosten – woher hatte er das Geld? – zusätzliche Grabungshelfer aus Agios Nikolaos. Als die Arbeiter aus dem Dorf murrten, schickte er die Fremden wieder nach Hause und zahlte den anderen Überstunden.

In diesem Sommer und den darauffolgenden versprüht Gerhard auf dem Grabungsfeld unterhalb des Palasts eine geradezu ansteckende Energie, sein Glaube ist beinahe unerschütterlich. Auch die Grabungshelfer glauben hartnäckig an einen Schatz, den sie heben werden, vielleicht eine Nekropole. Das Grabungsheft zeugt später von der langen Liste des nicht Entdeckten: meterweise Erdmassen, Keramiktrümmer, mit denen antike Gräben aufgefüllt wurden, gewöhnliche Häuser ohne die geringste Spur bemalter Gefäße, Tierknochen, grobes Geschirr. Nichts und wieder nichts.

Die anderen lachen hinter seinem Rücken hämisch. Bei all den Löchern hätte man doch zumindest über irgendwelche Mauern, über ein neues Gebäude stolpern müssen.

»Und, Gerhard, was gibt's heute Neues?«, sagt in der Taverne plötzlich ein gut gelaunter Forestier.

»Wo ist nun dein Greyerzer?«, fragt Brovski schließlich. Gerhard ist Schweizer.

Aber er findet immer nur nichts und wieder nichts, nicht

das Geringste. (Später stellt sich heraus, dass es auf der ganzen Insel mit Abstand keine Grabung mit so wenigen Funden gab.) Das macht ihn zu einer Legende und auf ewig zum besten Freund des ganzen Dorfes. Gerhard ist jeden Abend bei einem anderen Arbeiter zum Essen eingeladen – im Dorf nennt man ihn auf seinen Wunsch hin Giorgos –, seine Wäsche wird regelmäßig auf wundersame Weise von den Ehefrauen ausgebessert, gebügelt und gestärkt und sein Auto vom einzigen Mechaniker der Gegend repariert, gewaschen und auf Hochglanz poliert. Mehr noch als die Erstentdecker, wie die ersten ruhmreichen Archäologen einer Ausgrabungsstätte heißen, wird Gerhard zum Grabungsmaskottchen, auch wenn wir ihn nie Giorgos nennen werden.

Das Ende des Sommers ist auch das Ende der Grabungen, die Grabungshelfer kehren ins Dorf zurück.

Manchmal bleiben wir bis Mitte September. Für unsere Eltern, die sich das restliche Jahr über ständig Sorgen über unsere schulischen Leistungen machen, ist der Schulanfang plötzlich kein Muss mehr. Die Erwachsenen arbeiten im Magazin, das Grabungsfeld bereitet sich auf den Winterschlaf vor, und wir werden immer energieloser.

Die Hitze lässt endlich nach, im Westen sind die ersten dünnen Wolken zu sehen, aber wir bleiben bis zur Abreise versteinert und erstarrt, kauern lahm und kraftlos auf unseren Mäuerchen. Wir spüren, dass die Tage gezählt sind; die engen Schuhe, die schweren Schultaschen, der Kamm im Haar und das Pausenklingeln warten schon auf uns.

Am Abend vor der Abreise gehen wir schweigsam im Gänsemarsch bis zur höchsten Stelle oberhalb unserer Bucht, schauen ein letztes Mal in die rote Sonne und schwören uns, wiederzukommen. Jeder hat seine eigenen Gründe: Evi, weil sie gern händeweise die violetten Feigen abreißt und die lauen Abende in unserer Bucht liebt, Zac, weil das erste Gewitter mit seiner gigantischen Gewalt den Himmel glutrot färbt, die Hände kribbeln lässt und einen fast zum Schreien bringt, und Niso, weil er dort still neben sich Stella spürt.

Eins ist sicher: Was die Leute im Dorf über uns denken oder sagen, werden wir nie erfahren. Bestimmt haben die Erwachsenen ihre Vermutungen angestellt und vielleicht auch eine ihrer versponnenen Theorien entwickelt, die sie so lieben. Sie wissen wahrscheinlich besser als wir, ob das Grabungshaus im Dorf »das Irrenhaus« ist oder man uns wohlwollend betrachtet, ob uns die Griechen für die Vorboten eines verheißungsvollen touristischen Mannas halten, für Ausländer mit verwirrenden Sitten (wie alle Ausländer), für eine exotische, harmlose und freundliche Spezies, die nur irrtümlich zu ihnen verschlagen wurde, oder für Barbaren, die man jeden Sommer mit kleinen Dienstleistungen und riesigen Portionen Spaghetti besänftigen muss.

Noch weniger wissen wir, was Stella ihren Freundinnen im Dorf über uns erzählt, diesen arrogant lächelnden Mädchen, die übertrieben geschminkt und mit rosa Plastikabsätzen auf den Maultieren sitzen und wie vorzeitig gealterte Kinder aussehen.

Wir glauben, vielleicht zu Unrecht, dass Stella nichts erzählt und die drängenden Fragen nur mit einem Lächeln beantwortet; bestimmt sind sie nicht wirklich Freundinnen, und das schreckliche Geplapper erträgt sie nur aus Gutmütigkeit. Wir diskutieren darüber, aber ohne Ergebnis. Niso hofft, glaubt, dass sie im Geheimen an ihn denkt.

Datierung

Wer von uns hatte als Erster die schräge Idee, die Sommer – so wie die Tonscherben – zu nummerieren, sie in eine absurde pseudowissenschaftliche Typologie einzuordnen und einigen einen hochtrabenden Namen zu geben, damit wir uns noch in zwanzig Jahren daran erinnern und sie sauber datiert im Magazin der Erinnerungen ablegen können, jeden Sommer an die richtige Stelle, in seine eigene Schublade?

Bestimmt Evi. Es sieht ihr ähnlich, die Archäologenticks nachzuahmen. Schon als kleines Kind hat sie ständig klassifiziert, etikettiert, neue, komplexe Spielregeln aufgestellt, die, kaum waren sie gültig, nach Lust und Laune verworfen wurden, weil sie plötzlich beschlossen hat, dass die Jüngste immer gewinnt.

Starrköpfig für zwei bannt sie also die kleinsten Ereignisse in Worte, damit wir in die Vergangenheit zurückkehren können. Zuerst ist da der Sommer der großen Entdeckung, der ruhmreichen Erinnerung: erste Probebohrungen, das Quartier Nu und die Goldgräber. Dann der Sommer der Touristenjagd. Dann der mit der Zikadenhaut: Beim Aufwachen fanden wir Hunderte davon, in zarten, hellen, unendlich brüchigen Trauben hingen sie an den Tamariskenstämmen,

Zac sammelte sie in Schüsseln und reichte sie Evi zum Frühstück, wenn sie noch ganz schläfrig ihren Löffel in das Müsli tauchte, echte Honey Smacks.

Wir hätten sie nicht zählen dürfen. Denn zweifellos verging die Zeit ab da immer schneller, und alles kam durcheinander.

Zwischen unserer kleinen Bucht und dem Grabungsfeld liegt eine senkrechte Welt. Sie erstreckt sich nicht wie sonst über die Erdoberfläche, der dünne Boden verbindet uns mit der Vergangenheit, der größten Tiefe.

Wir leben über den Toten. An den Felsen laufen wir über ihre offenen Gräber, bei einer Ausgrabung werden Knochen entdeckt, ein Schienbeinstück taucht, wieder vollkommen weiß, aus dem Säurebad auf.

Woher kommen diese Menschen? Es gibt nichts Schriftliches, kaum Spuren. Sie lebten vor über viertausend Jahren hier, in einer angeblich dunklen Vorzeit, die nur einzelne Funde bruchstückhaft erhellen wie ein Lichtstrahl flämische Gemälde. Die Goldschmiedekunst, so viel weiß man, beherrschten sie ausgezeichnet, Jahrtausende vor Gutenberg vervielfältigten sie schon Hieroglyphen auf Tontafeln, und die Ägypter priesen sie für ihr turnerisches Geschick.

Aber wir stellen uns die Menschen nicht vor oder bauen gedanklich ihre Paläste nach, wie im Museum von Athen. Sie sind einfach da und gehören zu uns. Wir haben keine Angst, dass die Zeit vergeht, und erst recht nicht vor dem Tod. Mit derselben sicheren Hand, mit der der alte Nikos die Gebeine in der Ausgrabung Stück für Stück freilegt, werden uns eines Tages künftige Archäologen zurückholen.

Die in der Tiefe vergrabenen Leben geben uns mehr Halt

als unsere dürftigen Stammbäume. Die alten Steine beruhigen uns; sie flüstern uns zu, dass sich so schnell nichts verändern wird und das Leben weitergeht.

Von unseren Sommern auf der Insel existieren nur zwei Fotos. Niso hat sie all die Jahre heimlich in einer Schreibtischschublade aufgehoben, ab und zu nahm er sie heraus, als wolle er sich vergewissern: Das gab es wirklich.
Das erste Foto hat er aus dem Grabungshaus mitgehen lassen, es war ein Reflex, er wusste selbst nicht, warum. Jetzt ist es vergilbt und leicht gewellt; es war mit einer Reißzwecke an der Ecke zur Bibliothek befestigt, nahe der Veranda, er steckte es reflexartig ein und sammelte, als er Schritte auf dem Gang hörte, die Reißzwecke hastig auf.
In der Mitte sieht man das Grabungsfeld, die Funde sind noch da, auf dem Boden eine Hacke. Im Hintergrund Forestier, vorne lächelt Gerhard Bauer offen in die Kamera, er hat sich stolz vor den Arbeitern aufgebaut, die Hand in der Hüfte, das Gesicht vom Hut beschattet, mit seinen berühmten Handschuhen und einer Sonnenbrille.
Dann gibt es natürlich noch Abertausende Grabungsfotos, die wir später ganz unten in einem Koffer oder beim Ausräumen der Dachböden unserer Väter finden: von den Steinmauern, die durch den Winkel flacher wirken, Weiß-Beige-Schattierungen auf dunkelrotem, erdigem Boden, von Zighundert Gefäßen, Knochensplittern, von fein gemeißelten Siegeln, rundum belichteten Scherben, als Maßstab eine schwarz-weiß gewürfelte Messlatte. All die Jahre hat ein Fotograf das Magazin besucht. Nichts wird dem Zufall überlassen: Noch der geringste Fund muss erfasst werden. Die Fotos sind für Forschung, Publikationen und Doktorarbei-

ten gedacht. Nicht ein einziges Mal kommt jemand auf die Idee, sich für die Lebenden zu interessieren und uns zu fotografieren, als greifbaren Beweis für unser Dasein auf der Insel.

Zu Hause jedoch werden wir von unseren Familien fotografiert. Wenn Niso das Fotoalbum wie jedes Jahr begierig betrachtet, stellt er erleichtert fest, dass er – wie seine Großeltern sagen – ins Kraut geschossen ist. Und wenn er sich Evis jüngeres Gesicht genau anschaut, kann er leicht erkennen, wie sich das Oval verfeinert, die Ernsthaftigkeit durchgesetzt hat.

Doch vom Sommer keine Spur, als könne uns die Zeit dort nichts anhaben.

Die Verstorbenen der Insel gehören nicht zu unserer Familie, aber scheinen uns vertrauter, wohlwollender und längst nicht so furchterregend wie die, an die wir uns einmal im Jahr erinnern. Nein, die Toten der Insel bleiben nicht unbekannt. Wir erkundigen uns nach ihnen, ihr Leben ist uns nicht egal. Wenn wir in der Wärme und Andächtigkeit des Magazins etwas über sie erfahren, fühlen wir uns ihnen näher als unseren im Krieg gefallenen oder von der Tuberkulose dahingerafften Ahnen oder dem Großvater von Niso und Evi, der durch ein blödes Unglück umgekommen ist – vielleicht war es Selbstmord.

Die Toten der Insel haben nichts mit den Friedhöfen zu tun, zwischen deren Gräbern wir an Novembersonntagen mit Regenschirm umhergehen.

In Nisos Familie wimmelt es von Toten, sie beanspruchen den ganzen Platz für sich. Allerheiligen geht ihre Großmutter mit ihnen über den vermoosten, regendurchweichten Friedhof bis zu der besonders düsteren einsamen Marmorplatte am Rand der Allee. Darauf ein mickriger Veilchenstrauß aus Plastik und dieses verwaschene Foto, ein Mann mit hellen Augen, ernstem Gesicht und, als wolle er sich damit ein klein wenig Persönlichkeit verleihen, einem übertrieben buschigen Schnurrbart.

Evi gießt auf anderen Gräbern die Pflanzen, so kann sie sich ablenken, nach Schnecken suchen und der Macht der heiseren, trägen Stimme entfliehen, den grausamen Details der Erzählung vom dahinsiechenden schwindsüchtigen Cousin und dem Tod des Großvaters. Unweigerlich kommt die Großmutter zur minutiösen Beschreibung des Leichnams, den man eines frühen Wintermorgens an der Küchentür fand, kurz nach der Rückkehr aus dem Krieg. »Kaputt«, sagt sie. »Als er zurückkam, was will man machen, da war er völlig kaputt.«

Niso bleibt und hört der Großmutter zu, die schwere Hand auf seiner Schulter hält ihn fest. Um durchzuhalten, konzentriert er sich auf das Foto, auf den Schnurrbart und die dichten Augenbrauen, die in der Mitte aufeinandertreffen, und hat Angst, dass er diese Körperbehaarung erbarmungslos geerbt hat. Er fragt sich, ob seine Füße, die im Matsch stecken, nicht von einer gierigen Zombiehand gepackt werden könnten.

Dann sind da noch die schrecklich langen Minuten, in denen er andächtig vor dem Grab stehen muss, wobei er heimlich dreimal nacheinander fest die Daumen drückt, und noch dreimal, ein erbärmliches Ritual, um das Schicksal zu beschwören. *Mach, dass meine Mutter nächstes Jahr wiederkommt, mach, dass sie noch lebt.*

Niso ist sich keineswegs sicher, ob er an Gott glaubt, eher glaubt er ziemlich sicher an nichts. Die Überzeugungen seines Vaters wechseln zu schnell, als dass er sich an einer Gewissheit festhalten könnte. Er glaubt nur an die Insel: Dort verwandeln sich die Toten in Oleander und bunte Scherben, während man auf den Friedhöfen nur Plastikblumen, halb verblichene Zahlen und schnurrbärtige Porträts sieht.

Der Großvater sei nach der Rückkehr aus dem Krieg gestorben, blöd gestorben, wiederholt die Großmutter unermüdlich, er ist also einen blöderen Tod gestorben als andere, und das abgelegene, sehr schmale Grab, die blasse, triste Farbe sowie die kümmerlichen Blumen scheinen zu bestätigen, wie blöd und überflüssig sein Tod war.

Die Großmutter steht mit den Füßen im Matsch, verjagt mit einer Hand die vom Regen hervorgelockten Insekten und umklammert Nisos Schulter so fest, dass es schmerzt. Den Blick auf das ausdruckslose Foto an dem grauen Stein gerichtet, sagt sie oft sehr entschieden: »Denis, wir sind hier, wo unsere Toten begraben liegen. Und darauf kommt es an, daran erkennt man seine Heimat.«

Er will das nicht glauben. Er gehört nicht in diese aufgeweichte Erde. Seine Erde, seine Toten sucht er sich selbst aus. Die wohlwollenden Unbekannten der Insel zieht er seinem unglücklichen Großvater immer noch vor.

Die Geschichten vom Untergang der Paläste lassen uns keine Ruhe, wir sind älter geworden, hören sie aber nach wie vor gern, während sich andere abends mit Schneewittchen und den dummen, verdienstvollen Zwergen begnügen.

Im dritten Jahrtausend vor unserer Zeitrechnung wurden die Paläste zweimal dem Erdboden gleichgemacht. Ob die Apokalypse durch Feuer, Wasser oder Eisen eintrat, ist unbekannt.

Das Ende kam plötzlich, so viel ist sicher. Manche Toten hat man ordentlich bestattet, andere einfach in Felsspalten geworfen. Man flüchtete überstürzt, Stockwerke stürzten ein, manche Häuser wurden für immer verlassen, andere freigeräumt, dort ging das Leben weiter. Erdbeben, Tsunamis, Kriege – es gibt viele Hypothesen. Auf Kongressen wird jedes Jahr darüber diskutiert, ohne Ergebnis. Vielleicht hatte sich die Kultur mit der Zeit einfach nur überlebt, und ein unscheinbares Ereignis (ein feindlicher Überfall, ein erkrankter Prinz) versetzte ihr den Gnadenstoß.

Wo wir sonst wohnen, drohen manchmal Überschwemmungen, aber nur lächerliche. Die Katastrophen finden woanders statt, existieren nur in den Abendnachrichten und den fetten Schlagzeilen der Morgenausgaben. Bei Niso und Evi schwellen manchmal die Flüsse an und treten über die Ufer. Die Fluten ergießen sich über das Flachland, Dörfer werden evakuiert, in den Nachrichten sieht man Gleichaltrige, die fröhlich von den Dächern winken und mit Schlauchbooten gerettet werden.

Das Wasser ist uns manchmal schon als Gefahr begegnet, das Feuer aber noch nie. Keiner von uns lebt im Süden; tanzende Löschflugzeuge über der Macchia, rasende Flammen, die ganze Pinienhaine verschlingen, abgeschnittene Straßen und umzingelte Dörfer kennen wir nicht. Zac erzählt, dass es bei ihnen einmal im Müllraum gebrannt hat, aber er erinnert sich nur an seine Familie im Schlafanzug auf der Straße, an lächelnde Feuerwehrmänner, an das vom Ruß schwarze Treppenhaus und eine weinende Nachbarin, deren Pölsterchen vor Aufregung bebten, obwohl sie noch nicht einmal einen Herzanfall hatte.

Auch die Leute im Dorf erzählen manchmal, wie Feuer

auf den Hügeln schwelen, plötzlich aufflammen und das Vieh bedrohen. Wir glauben das nicht. Ihren Geschichten mangelt es an unerbittlichen Helden, Außerirdischen mit zwölf Köpfen und Rattenschwanz, an realistischen Details, die uns mit Sicherheit ein bisschen mehr überzeugt hätten.

Wir malen uns Riesenwellen aus, brutale Plünderungen (wie in den Western, die Angreifer kommen in einer Staubwolke angeritten, das Dorf wird vom Feuer vernichtet), Vergewaltigungen und Gemetzel (wir vermischen alles, die SS kommt, es droht eine Razzia), sich schnell ausbreitende Epidemien, verschiedenste Katastrophen und die zehn ägyptischen Landplagen, wir träumen, dass die Schlangen aus dem Becken kommen, sich über die Gegend ergießen oder Kröten vom Himmel fallen.

Diese prachtvoll-schrecklichen Bilder bleiben bis zum nächsten Sommer auf unsere Netzhaut gestanzt; wir wundern uns nicht, dass der warme Boden, den wir leichten Fußes wieder betreten, noch immer so rot ist.

Das zweite Foto hat Niso zufällig ganz unten in einem längst vergessenen Karton gefunden, als er dem Vater viel später beim Umzug in die Ardennen half.

Auf dem Foto sieht man eine Kindergruppe. Man kann nicht alle genau erkennen, sie kleben dicht gedrängt auf einem Mäuerchen. Es ist offenbar früher Abend, nach der Rückkehr aus der kleinen Bucht, sie sind in Badesachen, barfuß, verstrubbelt und gucken zufrieden. Wer hat das Foto gemacht? Ein Rätsel.

Evi fehlt. Niso sitzt rechts, die Arme wie so oft um die Knie geschlungen, die Füße gekreuzt, er ist elf oder zwölf, kneift die Augen zusammen, schaut wohl in die Sonne. Sein spöttisches Lächeln gilt nicht dem Fotografen; Zac, zu seiner Rechten, dreht das Gesicht zu ihm, wahrscheinlich ein Spaß unter Jungs.

Niso erinnert sich nicht, dass jemand ihn irgendwann mit den anderen fotografiert hat. Da kann er sein Gedächtnis durchforsten, wie er will, Sommer für Sommer ganz methodisch bis zur ältesten Schicht freilegen und Stück für Stück hervorkramen, nichts zu machen. Auf der Fotorückseite hat jemand ein Datum vermerkt. Trotzdem erinnert er sich nur, dass er in diesem Jahr irgendetwas Wertvolles verloren hat. Man vergisst die einzelnen Sommer, sie gehen mit ihren tausendfach wiederholten Ritualen, Tauchgängen, Rennen und blendenden Lichtern unbemerkt vorbei. Genau erinnert er sich nur an die Tritonschnecke auf seiner Hand; an den Stein, der ihm im Magen liegt, ein Tag wie ein Unterwasserkampf gegen die Algen, die einen packen und am Aufsteigen hindern wollen.

Das Wasser an jener Stelle ist tief. Normalerweise wagt er sich nicht unter den Fels, dorthin, wo das Wasser kälter, dunkler und klarer ist. Die Sandbank ist Niso lieber, da gibt es mehr Fische, Muscheln und Schnecken, er mag die Lichtreflexe und die Algen, scheucht gern die Seezungen auf, die sich im Sand verstecken, oder fährt mit den Fingern an den Felskanten entlang, sorgsam um die Seeigel herum.

Zuerst hält er es für einen sehr glatten Stein, dann (plötzlich schlägt sein Herz schneller) für ein Amphorenstück. Im Museum hat er welche gesehen, es könnte sein, der antike Hafen ist nah. Um es besser betrachten zu können, steigt er auf und dreht das vermooste, mit winzigen Schalen besetzte Etwas um. Er bekommt einen Schreck: Der Schalendeckel zittert noch. Das Tier, bestimmt ein Kilo schwer, schwankt auf einem Stein in der Brandung.

»Was machst du da?« Zac krault heran, Niso lässt die Tritonschnecke auf der Stelle los, doch als er lange Minuten später wieder allein ist, taucht er noch einmal, um sie vorsichtig unter den Fels zu legen, etwa dorthin, wo er sie weggenommen hat.

In den Sommern darauf sieht er sie regelmäßig wieder. Mittlerweile hat er sich über ihre Lebensgewohnheiten informiert: Sie bewohnt wie ein einsamer, nomadischer, gefräßiger Wolf große Gebiete und tötet alle Rivalen.

Niso erzählt niemandem davon, nicht einmal Evi, obwohl sie schweigen kann (vor allem, wenn man ihr droht). Hinterher wollen die anderen noch, dass er sie tötet und das Gehäuse als Trophäe aufbewahrt. Mit seinem bläulichen Schimmer ist es auch wirklich wunderbar.

Er sieht sie nur selten, er hofft darauf und hat Angst davor.

In diesem Sommer hat sich ihm die Tritonschnecke dreimal gezeigt, vollkommen zufällig und überraschend an weit voneinander entfernten Stellen. Beim dritten Mal hat Niso gedacht: *Sie will mir etwas sagen, es wird etwas passieren.*

Es passiert an einem windstillen Tag. So stechend heiß, dass es in der Nase und dann in den Bronchien brennt und man sparsam, hastig atmet, weil man sonst das Gefühl hat, dass sich die Lunge zusammenzieht. Schon den ganzen Sommer weht kein einziges Lüftchen, kein Blätterrauschen, die Zikaden schweigen beim leisesten Laut, und selbst die Skorpione verkriechen sich hartnäckig. Wenn wir manchmal blitzschnell einen Stein umdrehen, bekommen wir sie kaum zu sehen, mit so einer beeindruckenden Geschwindigkeit flitzen sie zum nächsten Schatten, unter den nächsten geheimnisvollen Stein.

Es ist einer dieser blassen, farblosen, eintönigen Tage, die so drückend heiß sind, dass wir nachmittags bei der Siesta in einen bodenlosen, traumlosen Schlaf fallen. Beim kleinsten Schritt wird Staub aufgewirbelt, die Macchia am Wegesrand ist rostig braun. Die Sonnenuntergänge sind trüb, die Sonne wird, ehe sie rot glüht, vom Dunst verschluckt, der Tag endet in einem verschwommenen Ocker.

Wir spüren es alle. Wir springen nicht herum, spielen kaum, blinzeln, hoffen auf ein Lüftchen, einen sachten Hauch. Das Meer wirkt ölig, eine echte Brühe, nicht einmal das Tauchen kann uns noch erfrischen.

Als wir die Hoffnung schon aufgegeben haben, kommt mittags auf einmal Wind auf, heiß und launisch, vor Ungeduld atmen wir tief ein und aus. Wir stehen oberhalb der Bucht und warten auf die Wellen, sie kommen bestimmt. Früher oder später wird sich das Meer da draußen mit einem einzigen großen Atemzug erheben, die plätschernden Wellen in unserer Bucht werden höher steigen und gegeneinanderschlagen, zuerst nur zaghaft, dann aber werden sie die Sandbänke stürmen, brechen, die Tiefen aufwirbeln, die Felszungen mit Gischtfransen verzieren und auf dem Sand reihenweise braune Algenbündel zurücklassen.

Am späten Nachmittag nähern sie sich, wir hören es: Wir sind so auf das Meer fixiert, auf die Schaumkronen der Wellenkämme, dass wir es überhaupt nicht kommen sehen.

Zuerst ist es nur eine kleine Wolke hinter den nächsten Hügeln, der Wind treibt sie vor sich her, als würde sie von ihm gespeist. Eine zähe Wolke, die nicht kleiner wird und sich nicht im warmen Dunst auflöst.

Dann ein Schrei. Rau und durchdringend, wie der des Schäfers, wenn er abends die Ziegen an der felsigen Küste zusammentreibt.

Damit hat alles angefangen: mit einer Wolke, der Stille, dem Schrei.

Dann die ganze Aufregung.

Nur der beißende Geruch von Teer und Schwefel bleibt am Ende, er verklebt uns die Kehle. Der staubige Geschmack im Mund macht uns durstig und verschluckt selbst die Worte, die alles beschreiben könnten.

Wir haben an diesen Tag keine genauen Erinnerungen, die Einzelheiten sind im Feuerqualm untergegangen. Züngelnde Rauchwolken bis zum Meer, glühende Hügel, so weit das Auge reicht, die Verletzlichkeit der Olivenhaine im Flammenmeer, aufgeregtes Getuschel, angespannte Gesichter. Männer aus dem Dorf stürmen schweißgebadet und mit Eimer oder Hacke querfeldein, eilen zu Hilfe, zum letzten Schutzwall vor dem Dorf; der Jubel, wenn sie endlich da sind.

Der Wind weht in unsere Richtung, der Wind trägt die Bedrohung direkt zum Grabungshaus. Arme bewegen sich ruckartig, heben einen Graben aus, gedämpfte Rufe, ein starrer Blick, manche Szenen in Zeitlupe – aus einem Schlauch rinnt Wasser über trockene Büsche –, andere im Zeitraffer: Stavros hackt, rot und verschwitzt, Forestier rast zum Magazin.

Später erkennen wir ihn dann wieder, diesen Geruch, er taucht zufällig auf, wenn wir auf den Bürgersteigen der Großstädte unterwegs sind, beim Grillfest der Nachbarn, beim Lagerfeuer im Wald. Alarmiert halten wir inne, ehe wir unseren Irrtum bemerken, der Geruch ist nur in uns, tief vergraben in unseren Erinnerungen an den einzigen Sommer, in dem es brannte.

Das Haus ist unbeschädigt, die Funde im Magazin wurden gerade noch gerettet, die Ausgrabung blieb verschont: Das ist das Wichtigste, und das sagt ihr Vater in den nächsten Tagen und Wochen immer wieder, als wäre das der witzige Höhepunkt eines sonst langweiligen Sommers.

Nur die alte Kammer ganz hinten im Magazin ist rußig, aber im Haupthaus gibt es ja noch Platz für Niso. Die Ausgrabungsstätte wurde vom Feuer nur gestreift, die Flammen züngelten das Kunststoffdach empor, verbogen das Metallgestänge und schmolzen die Schilder ein, fraßen sich aber nicht tiefer.

Alle halten das für ein Wunder, die schützende Hand Gottes.

Zusammen stehen sie lange schweigend in der Nähe des Magazins und betrachten das traurige Schauspiel der verkohlten Olivenbäume; hinter ihnen freuen sich die Erwachsenen lautstark. Abends stellt man für Niso ein Bett in Zacs Zimmer. Er liegt lange mit offenen Augen da, während Zac sich hin und her wälzt.

Die verkohlten Gehäusereste schmeißt Niso weg, schließlich kann er neue Muscheln und Schnecken fangen. Er weint nicht einmal still in sich hinein, er will nicht weinen. Als er sich das sagt, weint er leise große Kindertränen – die letzten, wie er sich schwört, und weil er kein Geräusch machen will, schluckt er sie nicht runter, sie laufen ihm über das Kinn, das Laken saugt sie auf.

Ab diesem Jahr ist der geschützte Grabungsbereich unter dem Dach für sie verboten: Das Gerüst sei geschwächt, sobald die Gelder da seien, werde man ein massives Dach bauen. Bis dahin ist der Eingang mit Stacheldraht versperrt.

In den folgenden Tagen und Wochen denkt Niso noch oft an das Feuer und an alle, die lange, Jahrtausende vor ihnen, dasselbe erlebt haben. Er hatte nicht an die Wiederholung der Geschichte geglaubt, nicht nach so vielen Jahrhunderten. Als er bei der Rückreise die Landeklappe der Fähre betritt, murmelt er, »Hier endet die Welt«, in dem melodramatischen Tonfall, in dem Zac seine furchterregenden Geschichten erzählt. Evi drückt ganz fest seine Hand und versenkt ihre Nägel ins Fleisch, als Strafe, weil er sich darüber lustig macht.

Das letzte Foto existiert nur in unserer Erinnerung.

Es ist beinahe unveränderlich und nimmt den ganzen Bildschirm ein: Niso in Großaufnahme, als er verstört aus dem Qualm auftaucht, das Gesicht rußgeschwärzt, um die Augen helle Kreise, er sieht aus wie ein blöder Waschbär, und wenn wir später daran denken, müssen wir immer lachen: »Erinnerst du dich noch? Dein Gesicht?«, als wäre das eine besonders komische Nummer gewesen.

Später im Bett lacht einer von uns immer noch nervös. Wir können nicht schlafen, liegen fast nackt unter den schweißnassen Laken, die Mücken oder das laute Schnarchen hinter der dünnen Zwischenwand sind uns egal, wir hören den Wellen zu und flehen sie an, uns nicht mitzureißen, uns erwachsen werden zu lassen.

Bergen und Räumen

Unsere Welt verändert sich langsam.

Die spektakuläre Bekehrung der Forestiers zur Normalität ist das erste Anzeichen dafür und kommt genauso plötzlich wie die Berufung zum Nudismus einige Jahre zuvor. Wie sonst auch treffen sie als Letzte ein: Schon immer haben die Ferien erst wirklich begonnen, wenn sie am Strand auftauchten. Als sie sich Badesachen anziehen, spüren wir eine dumpfe Traurigkeit – und Enttäuschung, weil wir Niso nicht mehr nackt sehen, jetzt, wo er fast erwachsen ist, sich schon die Wangen rasiert und es sogar ein wenig interessant geworden wäre.

Dann passiert das Undenkbare: Wir sind im Grabungshaus nicht mehr erwünscht. Laut einer absurden behördlichen Verordnung, die am Kühlschrank in der Küche klebt, haben nur noch Archäologen das Recht auf ein Zimmer, jede Drittperson (einschließlich Nachkommen, nur Ehepartner sind noch erlaubt) ist verpflichtet, pro Mahlzeit und Übernachtung eine Gebühr zu zahlen.

Wer hat diese idiotische Vorschrift erlassen, mit der man uns erbarmungslos rausschmeißt?

Wir sind groß geworden, nicht mehr die Dreikäsehoch,

die auf den Felsen herumspringen oder im Garten auf der Lauer liegen. Wir sind mürrische, ins Kraut geschossene Jugendliche, die überall herumlungern und auf den Verandastühlen sitzen, wenn die Erwachsenen vom Grabungsfeld zurückkommen. Wir sind sichtbar, verlegen und ungelegen, laut und übel riechend, linkisch, nie da, wo wir sein sollen, immer im Weg, mit dreckigen Nägeln und fettigen Haaren. Verfressen, wie wir sind, räumen wir in unserem maßlosen Appetit den Kühlschrank leer, wir lassen ständig und überall Essensreste liegen, verschwinden nicht mehr in der Landschaft, verstreuen uns nicht mehr in alle Winde, man kann uns nicht mehr übersehen. Jemand (Guedj? Menaud?) hat die Initiative ergriffen.

In aller Eile sucht man nach einer Lösung, wo man die Unerwünschten unterbringen könnte, niemand hat es für nötig gehalten, das im Vorhinein zu regeln. Wer Glück hat, darf am Strand auf dem nagelneuen Campingplatz zelten, ohne wirkliche Bäume, einen einzigen Grashalm oder Schatten, höchstens zwischen dürftigem Bambus- und Tamariskengestrüpp. In drei Baracken befinden sich Sanitäranlagen, ein Waschplatz und eine Rezeption mit brandneuem Fernseher. Die anderen werden in den wenigen Appartements einquartiert, die man am Dorfrand mieten kann. Zac wohnt weiter entfernt in einer Ferienwohnung unter Aufsicht seines strengen Onkels Brovski, in einem der hässlichsten Häuser der Athener: eiergelbe Fassade, Ziersäulen, Giebel in der großen Tradition des Parthenon und pausbäckige Cupidos an den Fenstern.

Unsere Körper sind ungelenk und plump geworden, unsere Sprache auch. Nach wie vor wechseln wir spielend von Italienisch zu Griechisch, von Französisch zu Englisch, und vielleicht verstehen wir die fremden Sprachen sogar noch besser, weil wir sie jetzt in der Schule lernen. Aber die Wörter der Kindheit, die wir nur für uns erfunden haben, entfallen uns immer öfter; obwohl sie uns noch immer hartnäckig auf der Zunge liegen, zerrinnen sie, sobald wir sie benutzen wollen. Wörter sind keine formbare Masse mehr wie früher, als wir mit ihnen spielten wie mit Knete, sie haben sich verfestigt.

Manchmal taucht unversehens ein vertrauter Ausdruck wieder auf und mischt sich unerwartet ins Gespräch, dann lachen wir erleichtert. Wir reden jetzt über unsere Sommer: über unsere Ängste, die dunklen Abende im Garten, wie sich Evi an die Säule klammerte, wie die Katze im Morgengrauen unter Zacs Fenster miaute. Wir kennen jedes Detail, der eine beendet den Satz des anderen, seine verblassten Erinnerungen; was fehlt, erfinden wir, Lücken füllen wir aus.

Dann reden wir nicht mehr und denken an früher, als wir noch wie von selbst alle dasselbe dachten.

Die aus dem Dorf haben die wundersame Wandlung in einem oder vielleicht zwei Jahren durchgemacht. (Wir haben es nicht bemerkt, waren zu sehr mit unseren Spielen beschäftigt; wie immer betrachteten wir sie als vernachlässigbare Größen.)

Die Jungen haben keine dicklichen Bäuche mehr, sondern muskulöse Oberkörper und kräftige Unterarme. Welches Wunder hat aus ihnen diese braun gebrannten Typen mit einem faszinierenden Lächeln gemacht? Das Doppelkinn ist weg, die Haare sind nach hinten gekämmt, gegelt, sehen aus wie die nackte Haut von Meeressäugern. Der Vergleich stammt von Zac, als er leicht angeekelt und verächtlich von den Fischottern im Zoo von Bologna erzählt. Zweifellos ist er ein klitzekleines bisschen neidisch. Er musste nämlich im vorigen Jahr seine Mähne abschneiden, weil er nur noch vorn Locken hatte; das sind wohl die Hormone, meinte seine Mutter.

Doch er kann noch so viele witzige Adjektive oder Sätze suchen, die wie die Faust aufs Auge passen, alles vergebens, die Mädchen werfen den anderen verstohlene Blicke zu.

Nur Mika hinkt hinterher. Im Vergleich zu den anderen scheint er geschrumpft zu sein. »Ich wachse einfach nicht«, sagt er den ganzen Sommer bedrückt und mutlos. Warum sind unsere Jungs bloß so im Rückstand? Über die Größe könnte man noch diskutieren. Aber in puncto sexueller Attraktivität, Anziehungskraft und tiefer Stimme steht es einfach zehn zu null.

Wir postieren uns in der Bar am Dorfplatz, trauen uns aber nicht, etwas anderes als Cola oder einen Café frappé, komisch durchsichtig vor lauter Eiswürfeln, zu bestellen. Evi trägt den Pferdeschwanz jetzt höher und lässt ein paar Strähnen vors Ohr fallen, das Ergebnis ist wenig überzeugend. Wir schauen verstohlen rechts hinüber zu Stella, die in der Bar bedient, und zu den anderen.

»Wie Stella jetzt aussieht, alle Achtung.«

»Lass das, Evi.«

»Sie ist fast so groß wie du.«

»Das ist mir doch egal, hör auf.«

Stella ist nicht mehr dieselbe. Es kostet Niso schmerzhafte Anstrengung, das zu übersehen. Für diese goldbraune Haut, die Mandelaugen und den geschmeidigen Gang, der die Jungen erstarren lässt, würde Evi über Leichen gehen. Wie gern würde auch sie die strohigen Haare dunkler färben, die Sommersprossen abdecken, die runden Knie zurechtfeilen und plötzlich in die Höhe schießen, einen richtigen Busen haben, mindestens Körbchengröße B, zarte Schultern und diese langen Beine, an den Füßen goldene Riemchenschuhe mit Absatz. Kein Kieferorthopäde und keine elektrische Zahnbürste der Welt werden ihr je dieses unerträglich weiße Colgate-Lächeln verleihen, niemals wird sie Stellas Fesseln haben und auch nicht die etwas dicklichen Zehen. (Evi konzentriert sich auf den winzigsten Makel, sei er auch nur eingebildet.)

Das weiß sie, und daran verzweifelt sie. Sie wird sich nicht wie Stella verwandeln, sie denkt, sie sei dazu verdammt, ewig die magere Kleine ohne jede Weiblichkeit zu bleiben, ein Säugetier, das unfähig ist, sich anzupassen, und bei Anbruch eines neuen Zeitalters sofort ausstirbt.

Und als sie mit sechzehn endlich einen Busen bekommt, sich die Jungen im Gymnasium nach ihr umdrehen, ihr die Italiener auf dem Campingplatz ein Bier ausgeben und an der Bar sogar manchmal eine Hand unters T-Shirt schieben, lässt sie das alles zu, um ihn eifersüchtig zu machen. Doch vergeblich. Zac hat seine Augen längst woanders.

Auf dem Campingplatz gehen wir in unseren Zelten vor Hitze ein. Wir werden bei lebendigem Leib von den Sandmücken gefressen, lachen wie irre, essen Omeletts, wann immer wir wollen, verwechseln Salatsoße und Spülmittel (Erstere befindet sich in einer Flasche von Letzterem), spielen im kleinen neonhellen Fernsehraum Tischfußball und jagen uns gegenseitig zwischen den Zelten, den Wassereimer in der Hand. Wir finden Geschmack an 08/15-Ferien.

Wir kümmern uns nicht um die Nachbarzelte, die jedes Jahr zahlreicher werden, weder um die niederländischen Familien mit den verwirrend vielen Fahrrädern und Kindern noch um die Jungscliquen in unserem Alter, die nachmittags schon betrunken sind, uns unbekannte nördliche Sprachen sprechen und mit uns aufs Fußballfinale anstoßen. Mit den neuen Billigflügen ab Hamburg, Oslo oder Moskau tauchen auf dem Campingplatz neue Nationalitäten auf. Nur die charmanten, unbekümmerten Schweden mit ihren stets sauberen, gebügelten T-Shirts stechen hervor. Sie sind die Ersten, die Evi an die Bar einladen und vom Skorpios reden.

Unsere Spiele bleiben scheinbar dieselben: die Wellen, die Sprünge in die Bucht, das Herumstreunen im Palast. Alles ist nur ein bisschen intensiver, schneller und wilder geworden. Nachts rennen wir durch die Macchia, Nisos Taschenlampe flackert weit voraus, streunende Hunde trollen sich ängstlich kläffend, wir erobern die Umgebung unserer Bucht; mit einer Hand am Fels genießen wir den Schwindel und die schmerzenden Kalkränder unter den Fingern. Wir geben uns nicht mehr damit zufrieden, bis zum Rand der Felsspalte am Hang zu gehen, ihr Geheimnis mit Blicken zu erforschen: Wir wagen uns in die Tiefe, entdecken aber keine Knochen, obwohl man uns so viel davon erzählt hat.

Unsere Insel ist nahtlos vom Bronze- zum Roller-Zeitalter übergegangen. Die ersten Surfbretter wurden durch Jetskis ersetzt, und wenn die Wellen jetzt kommen, werden verirrte Schwimmer unversehrt geborgen.

Im Dorf hat ein Motorrad- und Rollerverleih aufgemacht. Samstagabend lassen die Jungs dort die Roller aufheulen, sie halten sich für die Hells Angels. Der Laden gehört einem von Mikas Cousins, auch Mika arbeitet manchmal dort, neidisch beobachten wir, wie eine Staubwolke ihn von Weitem auf der Strandstraße ankündigt.

Dann taucht wie ein Wunder das Skorpios auf, an dem Schotterweg zwischen Dorf und Strand, mitten im Nirgendwo der Olivenhaine. Wir sind gerade erst angekommen, nach und nach eingetroffen und hätten die Neuigkeit am Rand unseres Geländes fast nicht mitgekriegt.

Ein hastig hingesetzter Würfel aus Leichtbausteinen, Elektrokabel ragen aus dem Boden, Metallstäbe in den Himmel, eine nackte Betonfassade von gewollter Hässlichkeit; sogar der bei den Zweithäusern der Athener so beliebte Farbanstrich in leuchtend Rosa oder Kaki (Kotzgrün, sagt Zac) fehlt. Nicht die kleinste Stucksäule und nicht einmal ansatzweise Blumen.

Doch als Niso und Zac am Eröffnungsabend außer Atem und mit leuchtenden Augen ankommen und stammeln, im Dorf mache eine Disco auf, stürzen wir sofort los und stehen plötzlich davor, mit weit aufgerissenen Augen und vor Staunen offenem Mund.

Über dem Eingang flackert hypnotisch ein Riesenskorpion und taucht die Olivenbäume im Umkreis von hundert Metern in ein violettes Neonlicht, der dumpfe Rhythmus der Lautsprecher lässt die Mauern erzittern, bringt die Esel zum Brüllen und unsere Gruppe, die wie gelähmt ist, zum Schweigen. Unsere Herzen schlagen schon im Rhythmus des Skorpios. Zac nähert sich zögernd, drückt die Tür auf, die Dezibel ziehen uns auf die Tanzfläche.

Das Skorpios gibt den ganzen Sommer über alles – im Übermaß –, und schon bald können wir uns nicht mehr an die Zeit vor der Disco erinnern; an die ruhigen Samstagabende, an denen wir unter angenehm kühlen Maulbeerbäumen zufrieden etwas tranken, auf der runden Tanzfläche der Taverne tanzten oder ein mitternächtliches Fußballspiel im Fernsehen verfolgten, mit zehn Stühlen vor einem offenen Fenster – das Aufregendste, was wir uns damals vorstellen konnten.

Auch die Ausgrabung verändert sich langsam. Nach fünf vergeblichen Grabungsjahren kehrt das Glück endlich zurück. Mit Getöse taucht es plötzlich auf der Veranda auf: Raue Arbeiterstimmen rufen dem Gärtner wieder und wieder zu: »Ein Wunder, ein Wunder! Giorgos hat einen Schatz gefunden!«

Eine Tritonschnecke, eine Tritonschnecke! Das Triumphgeschrei hat die allgemeine Siesta auf einen Schlag beendet, als Erster erscheint Brovski, genervt, auf der Wange noch Abdrücke vom Laken, das Hemd falsch geknöpft. Kein normales Fossil, rechtfertigt sich Gerhard, ein heiliges Gehäuse, ein Trinkgefäß! Dass es weder farbig gefasst noch graviert ist, widerspreche dem keineswegs, fügt er hinzu und wischt so sein eigenes Gegenargument beiseite. Brovski, vom Redefluss erschlagen, sagt nichts, neugierig kommen wir aus unseren Zimmern.

Dann verstehen wir nichts mehr, Gerhards Geist schwingt sich in stratosphärische, für Normalsterbliche unerreichbare Höhen auf. Für ihn ist alles sonnenklar, kinderleicht, selbst Forestier steht ihm machtlos gegenüber; er spricht von sich in der dritten Person.

»Das ist Quatsch, Gerhard«, versucht Brovski einzuwenden und wird umgehend korrigiert:

»Giorgos.«

»Du bist genauso wenig Giorgos wie diese Schnecke ein scheiß Trinkgefäß«, sagt Forestier mit einem schrillen Hohngelächter, das wir von ihm noch nicht kennen.

Doch nach unserem Minimaßstab ist Giorgos ein Star: Bald gibt es in der Inselzeitung eine kurze Meldung, im Lokalradio ein Interview. Im Grabungshaus lässt man ihn, ermattet, einfach machen. Nur Niso interessiert sich für seine Entdeckung. Gerhard drückt ihm dankbar einen Geldschein in die Hand, er soll sich im Dorf ein paar Bonbons kaufen. Niso ist damals schon einen Kopf größer als er.

Nicht einmal eine Woche später ist die Verrückte wieder da, mit ihrem Reeder-Ehemann an der Seite. Wenn man sie schon nicht zu den Weichtieren lassen wollte, soll wenigstens diese Tritonschnecke ihr Schatz von Mykene sein. Gerhard erlaubt der doch nicht so verrückten Helen, die Schnecke zu erforschen. Wie sich auf einmal herausstellt, hat sie einen Abschluss in Kunstgeschichte; sie veröffentlicht einen Artikel, dann noch einen, erforscht die ausgegrabenen Weichtiere (nachdem Brovski nachgegeben hat), man findet sie jetzt sympathisch. Ihr Ehemann, der Reeder, wird zum glühendsten Förderer der Grabungen. Schon kommen die ersten Besucher und erste Studierende.

Wir interessieren uns nur halbherzig für die Funde. Das violette Neonlicht über dem Skorpios ist wesentlich geheimnisvoller und viel neuer. Nachmittags gesellen wir uns nur noch selten zu den Erwachsenen; das Nummerieren der Scherben finden wir irgendwie langweilig. Wenn sie versuchen, uns mit einzubeziehen, lächeln wir freundlich und leicht verächtlich. Wenn Gerhard von seinem Erfolg erzählt, unterdrücken wir ein Gähnen.

Im Magazin bringen wir die Erwachsenen mit unserer Ungeschicklichkeit, Unpünktlichkeit und unseren Lachanfällen zur Verzweiflung. Wenn einer von uns manchmal einschläft, den Kopf bequem auf die Arme gebettet, hält Gerhard uns entrüstet einen Vortrag über fehlenden Respekt gegenüber anderer Leute Arbeit. Und auch zum Vertreiben rücksichtsloser Touristen, die nachts plündern wollen, braucht man uns nicht mehr. Der griechische Staat, vom Reeder über die bedeutsame Fundstätte informiert, hat einen Zaun für das Grabungsfeld finanziert.

Wir sind überflüssig geworden, aber wissen, was zu tun ist. Wir setzen keinen Fuß mehr ins Magazin, weiten die Siesta aus und stürzen uns schreiend in die Bucht. Zum ersten Mal lassen wir die Ausgrabung im Stich.

Zu seinem vierzehnten Geburtstag bekommt Niso von seinem Vater eine Purpurschnecke aus der Ausgrabung. Ein feierliches Geschenk beim Abendessen in der Taverne und ein unerwartetes: Niso hat mitten im Juli Geburtstag, aber weil in der Ausgrabungszeit scheinbar alles andere nebensächlich ist, feiert seine Familie normalerweise erst, wenn sie frühestens Mitte September wieder zu Hause sind. Manchmal fragt sich Niso, ob sein Vater überhaupt weiß, wann genau sein Geburtstag ist. Als seine Mutter noch bei ihnen wohnte, hatte sie immer eine kleine Aufmerksamkeit für ihn, oft einen Pfirsich mit Honig, oder er fand morgens ein Geschenk neben dem Kopfkissen. Jetzt denkt nur noch Evi an seinen Geburtstag und flüstert ihm irgendwann im Laufe des Tages ins Ohr: »Herzlichen Glückwunsch, Bruderherz.« Nichts weiter. Beide wissen nur zu gut, wie ungünstig sein Geburtstag liegt, er sich also gedulden und damit abfinden muss, dass er eigentlich erst nach den Ferien ein Jahr älter wird.

Sein Vater wartet gespannt, alle Blicke sind auf Niso gerichtet. Leicht linkisch öffnet er das Geschenk, ein beiges Pappkästchen, wie es im Magazin Zigtausende zur Aufbewahrung zerbrechlicher Funde gibt. Darin liegt auf Baumwolle gebettet die Purpurschnecke.

Sein Vater rechtfertigt sich sofort: Das Gehäuse sei völlig wertlos, er habe es in der Ausgrabung neben den Büschen gefunden, zweifellos gebe es Dutzende davon, es sei eins der kleinsten, aber er habe gedacht ... Die Worte bleiben in der Luft hängen, was genau hat er gedacht?

Niso sagt nichts und macht das Kästchen vorsichtig wieder zu. Warum dieses Geschenk, und warum vor allen? Bestimmt hat er mechanisch Danke schön gemurmelt, so getan, als wäre alles in Ordnung, und sich dann weiter mit Zac unterhalten. Kurz darauf stehen beide vom Tisch auf.

Am nächsten Tag findet Niso unter der Schnecke ein sorgfältig aus kariertem Karton ausgeschnittenes Schildchen mit kritzeliger Schrift: *Murex brandaris*. Alter: ungefähr 4014 Jahre.

Seitdem nimmt er die Schnecke überallhin mit, bewahrt sie auf dem Campingplatz neben dem Kopfkissen auf, in seinen verschiedenen Studentenzimmern, später im Arbeitszimmer unter seinen persönlichen Sachen, damit Louise, seine Tochter, sie nicht einheimst. Wenn er sie betrachtet, versetzt es ihm stets einen kleinen Stich. Obwohl er eigentlich alles verliert, hat er sie nicht verloren.

Wann haben wir uns ein für alle Mal verändert? Wann genau?
Wenn sich Niso später als Erwachsener an sein Leben vor

drei, fünf oder zehn Jahren erinnert, kommt es ihm immer völlig fremd vor; er missbilligt dann (meistens) seine damaligen Vorstellungen und Entscheidungen, angefangen mit dem Entschluss zu heiraten. Nach nur wenigen Jahren ist er nicht mehr derselbe. Sein Leben kommt ihm wie eine Ansammlung einzelner Bruchstücke vor, die wie die Scherben der Ausgrabung irgendwie zusammengeklebt wurden. Nur ein Mal in seinem Leben hatte er das Gefühl, am richtigen Platz zu sein, Teil von einem logischen Ganzen: als er auf der Insel noch von Wir sprach. Als er noch dieser magere, entschlossene, wenn auch zitternde Niso auf dem flachen Stein unserer Bucht war. Wie von Zauberhand waren die anderen damals verschwunden, Stella hatte sich zu ihm gebeugt, um ihn zu küssen; in einem verzweifelten Reflex umfasste er ihren Hals, klammerte sich wie ein Ertrinkender an sie und versank in einem vollkommenen Glücksgefühl.

Langsam verschwinden die Erwachsenen von unserem Radar. Wir nehmen ihre Aktivitäten nur noch als fernes Echo wahr, als wären sie auf den Meeresgrund zurückgekehrt, wo sie als friedliche und sympathisch hässliche Monster der Tiefseegräben ihre Runden drehen, während wir knapp unter der Wasseroberfläche im Sonnenschein und vor Kraft strotzend herumtollen. Wir leben im Licht, sie im Schatten.

Abends in der Taverne horchen sie auf unsere Gespräche, das Getuschel, das plötzliche Gelächter, den Krach, beobachten verstohlen unsere spontanen Tänze auf der runden Tanzfläche. Wenn sie aufstehen und Anstalten machen, näher zu kommen, gehen wir schnell weg. Zum ersten Mal fallen uns bei einem kurzen Blick in ihre Richtung die Krähenfüße auf, das schlaffe Kinn, manche haben einen Bauch. Die plumpen Witze, die kindischen Scherze, die Kränze unter den Armen sind uns plötzlich peinlich. Beim Abendessen hören wir Menauds endlosen archäologischen Monologen nur noch zerstreut zu, dann rennen wir schon in Richtung Neon, Schweiß und Körper.

Manchmal arbeitet Mika als Barkeeper im Skorpios, er schüttelt den Shaker und reicht uns unwirkliche Drinks; seine Spezialität, in phosphoreszierendem Blau, heißt Blue Lagoon. Auf dem Weg zum Skorpios machen wir mehrfach einen Umweg über den Strand, wo uns ausländische Jugendliche Bier und Zigaretten anbieten. (Im Dorfladen gibt es jetzt Alkohol in rauen Mengen.) Auf den Pfaden entlang des Strandes rempeln wir uns lachend und scherzend an, Arm in Arm. Wir sind fröhlich und laut.

Im Morgengrauen verlassen wir die Disco mit heiserer Stimme, tauben Ohren und völlig erschöpft. Manchmal stürzen wir uns in unsere Bucht, oder einer sackt zusammen, kotzt am Strand und schläft ein – auf einem der Liegestühle, die der alte Stavros jetzt vermietet.

Lange war die Sonne unsere Verbündete, sie bräunte unsere Kinderhaut, trocknete unsere vom langen Tauchen verschrumpelten Finger, und wenn wir auf den Mäuerchen lagen, uns von ihr streicheln ließen und glücklich die Augen schlossen, liebten wir sie über alles. Jetzt ist sie unser Feind; wenn sie mittags durch den dünnen Zeltstoff scheint, reißt sie unsere Lider auf. Wir gehen nur noch abends raus.

Weil wir mit uns und sonst nichts beschäftigt sind, haben wir es nicht bemerkt. Oder höchstens leicht zerstreut die ersten Vorboten: die neue Bushaltestelle an der Hauptstraße, den lokalen Abgeordneten, der uns besucht und von Gerhard begeistert ist, die Touristengruppe, die bei der Eröffnung geduldig vor dem Palasteingang wartet. So wie uns im August immer zu spät auffällt, dass das Wetter wechselt, und wir vom ersten Sturm (nur knapp vorher) völlig überrascht sind. Wir sehen die ersten dunstigen Schlieren am Himmel, spüren den plötzlich aufkommenden Wind, aber nehmen beides nicht wirklich wahr.

Wir begreifen es erst, als es nicht mehr zu übersehen ist: Die Ausgrabungsstätte ist berühmt – fast jedenfalls. Noch nicht bei der großen Masse, aber bei den Insidern, wie den Rentnern aus Guedjs Kunstgeschichtskursen in dem Jahr.

In der Hochsaison kommen jetzt lächelnde Unigrüppchen. Erst weiß wie Masthähnchen, arbeiten sie, die Jungen mit nacktem Oberkörper, hoch motiviert wie die Verrückten auf dem Grabungsfeld und nehmen im Lauf der Wochen Form an. Wie wir wohnen sie auf dem Campingplatz, aber am anderen Ende, weit weg vom Lärm, von den Schweden und vom Tischfußball. Sie schauen ein wenig auf uns herab, für sie sind wir Kinder, Söhne und Töchter und vor allem ungebildet. Vielleicht beneiden sie uns auch ein bisschen.

Einer von ihnen ist groß und erinnert mit seinen dichten kastanienbraunen Haaren – der Schnitt ähnelt einem Helm – unweigerlich (eigentlich haargenau) an bestimmte dicke, friedliebende Hunde. Mit dem schmalen Brillengestell und dem weichen, zerstreuten Blick sieht er aus wie ein ehemaliger Mönch, nur ohne Tonsur. Wenn wir dicht gedrängt in dem holprigen R4 sitzen, auf dem Weg zur Taverne, umgarnt er Evi so sanft wie entschlossen, die Finger vorn am T-Shirt, an der Jeans, auf der Haut, und sie lässt es zu; vielleicht hofft sie, dass Zac es bemerkt. Aber er blickt vorn nur abwesend ins Dunkle, durch die Scheibe, und dreht sich nie um.

Zac wohnt am Dorfrand, weit weg vom Campingplatz. Der Abstand wird größer, nur Mika sieht ihn noch. Eines Abends kommt Mika mit einem nagelneuen Roller an, Zac, den er mitgebracht hat, möchte fahren, und Mika kann nicht Nein sagen. Die dritte Kurve nehmen sie zu schnell; sie übersehen die heimtückische Rille, die ein Lastwagen hinterlassen hat, und werden auf die Schotterstraße geschleudert. Der Motor stirbt nicht ab, der Roller liegt qualmend und reglos auf der Seite.

Die erste Aufregung, ein gewaltiger Aufprall, Zac ist schuld, aber hat es bestimmt nicht gewollt. Nur ein kleiner Unfall, wie Daviero sind wir unverwundbar; in unserem Alter bricht man nach so einem Schlag, wenn sich Schreck und Schmerz gelegt haben, einfach in Lachen aus. Die erste Blutstaufe: Es tropft aus winzigen Schürfwunden an Zacs Bein, an Mikas rechtem Arm. Sie haben sich bewährt, belustigt und lebendig stehen sie auf, Helden im selben Kampf, wir applaudieren.

Die Wunden am Arm heilen nur langsam, die an Zacs Bein noch schlechter, durch das lange Schwimmen im salzigen Meer gehen sie immer wieder auf. Es bleiben Narben, vor allem bei Mika sind sie gut sichtbar, dünn, weiß, am Handgelenk streifig und tief. Wir halten jedes Mal die Luft an, wenn er – ohne es zu merken – mit dem Finger darüberfährt.

Evi joggt nun jeden Tag, wir sehen sie erst, wenn sie zurückkommt, niemals könnten wir so früh aufstehen. Ihrem klatschnassen T-Shirt nach zu schließen, läuft sie mindestens eine Stunde, wenn nicht zwei.

Wir wünschen uns, dass sie anhält oder stolpert oder sich wenigstens einen Moment um uns kümmert. Sie joggt dicht an uns vorbei, beschleunigt ein wenig, wohl um anzugeben oder uns schneller wieder los zu sein, und schaut uns an, ohne uns zu sehen.

Wir denken nicht mehr an unsere Kindheit. Wir wollen wie Evi laufen und vorwärtskommen, ohne uns umzublicken.

Im Flugzeug, auf der Fähre oder der langen Autofahrt nach Hause schwören wir uns im Geheimen, in der Schule zu erzählen, wieso unsere Sommer flimmern wie der Asphalt unter der Augustsonne. Wir malen es uns lächelnd aus, wägen die Worte ab, die schlagkräftigen Bilder, die Gefühle und wiederholen ununterbrochen die Sätze, die wir uns überlegt haben.

Doch so, wie sich unsere Fotos vom Sonnenuntergang immer nur als blasses, nichtssagendes Abbild entpuppen, schwächen sich die Erinnerungen ab, verblassen, werden uninteressant, und plötzlich klingen unsere Geschichten falsch. Zurück in der Schule, sagen wir kein einziges Wort.

Wer würde uns auch glauben? Unsere Berichte über die Insel kommen uns, von Frankreich, Belgien, der Schweiz oder Italien aus betrachtet, ja selbst so unwirklich vor wie ein Traum. Sie gehören in eine andere Welt, in eine magische, auf ewig verschlossene Parallelwelt, und nur weil wir sämtliche Götter anflehen, uns nicht auszuschließen, dürfen wir die riesige Seifenblase wie durch ein Wunder jeden Sommer erneut betreten.

Doch eines Tages werden wir brutal hinausgeworfen, so überraschend, dass wir gar nicht verstehen, warum.

Fälschungen und Zweifelsfälle

An die nächsten Sommer haben wir nur verworrene Erinnerungen, die noch dazu unscharf, halb zusammengereimt und zu oft ungenau sind. Wilde Nächte, wir schleudern nach rechts und links, beschleunigen plötzlich und enden in unseren Zelten, wo wir den trübsinnigen, heißen Tag verdösen. Völlig erschöpft wachen wir heil wieder auf.

Wir sind ausgewachsen, aber unsere Emotionen reifen unkontrolliert weiter. Bruchstücke, Blitzlichter, Ausschnitte: der Geruch von Zacs braunen Zigaretten, der Staub beim Rollerfahren, das dumpfe Geräusch, wenn eine Faust das Gesicht trifft, der Geschmack von Haut auf der Zunge, das Brennen, wenn der Raki die Kehle hinunterrinnt, eine Flamme auf dem flachen Stein.

Zac hebt sich aus den verschwommenen Erinnerungen ab. Einige haben ihn angeblich morgens mit geschwollenem Gesicht oder blutigem Schienbein an einem Mäuerchen entlanggehen sehen, auf dem Heimweg habe er gehumpelt, oder Mika habe ihn erst nach langem Suchen zusammengesunken am Strand gefunden.

Zac prügelt sich, wo immer es geht, im Dorf, am Strand, im Skorpios oder einer Disco in der Stadt, wenn Mika ihn auf dem Roller mitnimmt. Wir wissen nicht, mit wem, nur einmal sehen wir, wie er am Ausgang vom Skorpios deutsche Jugendliche provoziert, so beeindruckend effektiv und dämlich, wie nur er es kann: Lauthals lachend ahmt er einen der Typen nach, der torkelt. Wären wir nicht zufällig da gewesen – wir hielten ihn zurück und zogen ihm dabei fast sein Hemd aus –, hätten sich zehn Kerle auf ihn gestürzt.

Zac war im Prügeln noch nie besonders gut, jedenfalls war er nicht der Beste, als wir uns damals noch so gern über den Sand kugelten und wie spielende Welpen nacheinander schnappten.

Er prügelt sich voller Wut und ohne System, die anderen gewinnen und lassen ihn liegen. Warum sucht er unbedingt Ärger? Das werden wir nie verstehen.

Mika fragt nicht, stellt ihn nie zur Rede. Wenn Zac sich ein paar Meter vor uns plötzlich prügelt, bleibt er, auch wenn alle weggehen, und schaut reglos zu, vielleicht gebannt vom dumpfen Geräusch der Schläge, von der Spannung und den Schreien.

Wenn alles zu Ende ist und Zac rasend vor Wut den Kürzeren gezogen hat, packt Mika ihn an den Armen und schleppt ihn, der fast zwei Köpfe größer ist, nach Hause zu seinem Onkel. Wir folgen mit Abstand, nur Mika traut sich, hineinzugehen. Wir warten im Schatten des Vorbaus und stellen uns vor, wie Mika Zac in das beruhigend dunkle Schlafzimmer legt, mit vorgezogenen Vorhängen und einem frischen Laken auf dem nackten Oberkörper. Wenn es zu lange dauert, rufen wir »Mika, wir müssen gehen«. Das geringste Geräusch auf der Straße beunruhigt uns, da kommt Mika schon, schüttelt betrübt den Kopf. Am nächsten Tag entschuldigt sich Zac bei uns, rechtfertigt sich, verspricht, nie wieder.

Hat er den ersten Schritt gemacht, wie er später gern glauben will, oder doch sie? Wie bei vielem fällt es Niso auch hier schwer, in seinem Gedächtnis einen Anhaltspunkt zu finden. Manchmal erinnert er sich genau an die Frau: an ihr Parfum, an diese typische Geste, wie sie ihm mit zwei Fingern leicht über die Schulter streicht, an das vieldeutige Lächeln mit hochgezogener Augenbraue.

Seit drei Tagen ist Niso siebzehn. Wenn er sich abends – erschöpft von der geselligen Runde – zum Lesen auf die Veranda zurückzieht, um dann früh zum Campingplatz zu gehen, schaut Zacs Mutter vorbei. Sind noch andere da, sondern sich die beiden instinktiv ab, stehen rauchend an einer Säule oder trinken etwas im Arbeitszimmer.

Sie spürt, dass er da ist, taucht plötzlich auf und redet viel. Im Schein der Sturmlaterne wirkt ihr Gesicht weich, man sieht die Augenringe nicht, die sie manchmal hat, wenn sie zu viel raucht oder zu wenig schläft. Sie redet mit sich selbst, erzählt, wie Zacs Vater kurz nach der Geburt verschwand und der Dreijährige beim geringsten Anlass schrie. Niso stellt sich vor, wie Zac mit wildem Haar, nackt und heillos wütend durch die enge Wohnung rennt, um den Küchentisch herum, über einen labyrinthartigen Flur. Halbblau stellt er überflüssige Fragen, damit sie noch ein bisschen bleibt.

Das Ganze dauert nur zwei Wochen. Doch endlich bekommt sein Leben eine Tönung, die nicht mit der Zeit verblasst, die ersehnte Intensität. Niso möchte, dass alle es merken, am liebsten würde er herausschreien, was für eine unglaubliche, einmalige, wunderschöne Zeit er hat. Aber die anderen sind immer woanders, und wenn sie ihm über den Weg laufen, bemerken sie ihn scheinbar nicht.

Als Zacs Mutter abreist, ist er derjenige, der sie zum Schiff begleitet. Auf der Pier will er sie unbedingt umarmen, aber sie macht sich schon fürs Einschiffen bereit und erwidert seinen Kuss nur zerstreut. Der Abschied fühlt sich nicht an wie erhofft.

Er weiß es, noch ehe er sich umdreht. Das letzte Bild ist sehr präzise und viel zu real. Stella, nur wenige Meter von ihm entfernt. Reglos starrt sie ihn an, ohne etwas zu sagen, und geht.

Auch das Grabungsfeld hat weiterhin eine bewegte Jugend. Obwohl es jetzt bekannter ist – bei Fachleuten und archäologiebesessenen Pensionären –, fehlen plötzlich Fördermittel. An heftigen Gesprächsfetzen, die er hinter einer Tür mitbekommt, besorgten Telefongesprächen, die abrupt enden, weil Forestier den Hörer aufknallt, an der gerunzelten Stirn, dem verkniffenen Mund und dem überraschenden »Fuck off, verdammter Scheiß«, das er aus dem Mund seines Vaters noch nie, weder vorher noch nachher, gehört hat, kann Niso es erraten.

Der Staat (der griechische, französische oder belgische), um den Forestier lange einen rätselhaften Kult betrieben hat – »Das ist meine staatsbürgerliche Pflicht«, sagt er manchmal, wenn er stundenlang im Magazin sitzt –, hat keine Knete mehr: leere Taschen und Verschwendung, die Archäologen müssen sich irgendwie durchwurschteln, das Geld dort auftreiben, wo es noch welches gibt, im Privatsektor, bei Stiftungen, bei möglichen Mäzenen. Wie es Forestier gegenüber dem rätselhaften Gesprächspartner in dem berüchtigten Telefonat sagt, das Niso nachahmt: Wir müssen Kohle auftreiben, und zwar dalli, dalli.

Wir sind erst am selben Nachmittag angekommen. Die Dramatik in Nisos Stimme lässt uns vor Aufregung schaudern. Am Ton seines Vaters meint er zu erkennen, dass er eine Bank überfallen will. Er glaubt, er sei zu allem fähig – vielleicht zu Recht.

Plötzlich ergibt alles einen Sinn. Dass die Grabungshelfer jedes Jahr weniger werden, die aktuelle Mitteilung am Kühlschrank mit den neuen, präzisen und drakonischen Vorschriften für Gemeinschaftsausgaben (bis hin zur Anzahl der Klopapierrollen), dass das Magazin nicht repariert wird, obwohl das Dach seit dem Winter undicht ist und die Särge jetzt Krötenbadewannen sind. Wir hören den Krötenchor die ganze Nacht quaken, glücklich über den kühlen Zufluchtsort in diesem trockenen Land.

Dann kommt der Augusttag, bevor der Wal entdeckt wird, bevor alles wie eine Sandburg zerrinnt.

Später erzählt Evi die Geschichte öfter Niso, und wie tapfer sie dabei war; meistens auf einem gemeinsamen Spaziergang, den die beiden immer noch lieben. Sie gehen Seite an Seite und reden ohne Unterlass, so wie früher als Kinder auf ihren spontanen Ausflügen.

Evi fängt immer mit demselben Satz an, wobei sie im Rhythmus ihrer Schritte atmet: »Weißt du noch, Niso, der Abend im Palast?«

Es war schon sehr spät, weit nach Mitternacht, Zac war dabei, auch Stella und zwei oder drei andere Jungen, an die sie sich später nicht mehr erinnert – wie dieser sehr braune Engländer, den sie danach nie wiedergesehen hat.

Evi macht eine Pause und hofft, dass sich Niso doch noch erinnert, endlich, dieses Mal. Aus ihren Mündern strömen dampfende Atemwolken, vielleicht wegen des Wintermorgens. Sie gehen schneller, damit ihnen warm wird, vor ihnen irgendein nördlicher Wald, raureifglitzernd, Hals, Gesicht und Hände im eisigen, schneidenden Wind. Dann erzählt Evi weiter, auch diesmal kann sie der Versuchung nicht widerstehen.

Zac hatte kleine Rakigläser und die Flaschen mitgebracht. Sie hatten sich um den durchlöcherten Stein gesetzt, es war ungewöhnlich hell im Palast, der Mond stand hoch und war fast voll. Bestimmt hatten sie getrunken; sie lag lang ausgestreckt auf den unebenen Felsen, Zacs Finger spielten mit ihrem Haar, um nichts in der Welt hätte sie sich gerührt. Die anderen, betrunken vom Alkohol und der allgemeinen Fröhlichkeit, lachten immer lauter, aber sie schwieg und achtete nur auf Zacs Finger, die winzigen Berührungen, den kühlen Stein unter ihr. Sie sagte sich: »Ich habe alles, was ich mir wünsche«, ohne wirklich zu wissen, was dieses Alles, dieser definitive, glückselige Satz im Grunde bedeutete. Sie dachte, dass sie zusammen glücklich waren, sich nie trennen und alle anderen, wie gefangene Atome nur durch die Macht der Anziehung, bis in alle Ewigkeit um diesen festen Kern aus Niso, ihr, Zac, Mika und Stella kreisen würden.

Mika ließ das Feuerzeug mit seinen eingravierten Initialen immer wieder auf- und zuschnappen, eine seiner Stranderoberungen hatte es ihm zum Sechzehnten geschenkt, und er war geradezu lächerlich stolz darauf, untermalte die Abende – klick, klick – mit diesem mechanischen Rhythmus. Zac goss den restlichen Raki in die Vertiefungen im runden Stein, eine flinke Bewegung des Feuerzeugs, der Alkohol entzündete sich, und die Flammen schossen wie ein Elmsfeuer hell, schnell und flackernd auf.

Alle wichen reflexartig zurück, kamen dann, vom Widerschein auf den fröhlichen Gesichtern fasziniert, wieder näher, keiner lachte mehr, aus einem Impuls heraus packte sie mit rechts Zacs Hand, hielt sie fest und drückte so lange, dass ihre Gelenke schmerzten. Zac zog die Hand nicht weg und sagte nichts, doch schließlich versanken der Stein und ihre Gesichter wieder im Schatten, und die Nacht nahm sie auf.

»Erinnerst du dich nicht?«

Niso erinnert sich nicht. Die Geschichte in seinem Kopf ist immer düsterer, bedrückender, ihr fehlen die Intensität und die Farben, die Evi ihr verleiht. Bei Zac erinnert er sich nur noch an den abwesenden Blick, das verächtliche Schweigen und dass er abends immer fehlte.

»Nein«, stellt er klar und bleibt jedes Mal abrupt stehen. »Du spinnst einfach. Zac ist damals schon nicht mehr mitgekommen. Weißt du nicht? An dem Abend war doch dieser Student von Daviero da, dieser Typ aus Bordeaux, der dich ständig angemacht hat.«

Auf jeden Fall haben wir sie in derselben Woche – oder der danach, auf der Insel ist die Zeit flüchtig – mitten am Nachmittag erwischt, als wir die Taucherbrillen und die Flossen für die Bucht holen wollten.

Nackt und eng umschlungen schlafen sie in dem heißen Zelt. Zacs dunkle Brust, er liegt lang ausgestreckt, eine Hand über dem Gesicht, die andere auf Stellas weißem Rücken; die Hand nicht wie zufällig im Schlaf hingelegt, sondern absichtlich, bewusst angeschmiegt. Der Zeltstoff taucht sie in ein sanftes oranges Licht, sie sind schön, es ärgert uns, dass wir sie so schön finden und nicht sofort abhauen, dann könnten wir so tun, als hätten wir nichts gesehen, als würden wir uns an nichts erinnern. Zu spät: Wir erinnern uns.

Evi beißt sich auf die Lippen, lässt die Zeltklappe zufallen. Sie sagt nichts. Keine Bemerkung, keine Frage. An diesem Tag oder vielleicht auch etwas später joggt sie zum ersten Mal auf der Strandstraße, joggt bis zum Abend. Diese Erinnerung ist gestochen scharf.

Mika entfernt sich von uns, er ist zu seinen Dorfjungs zurückgekehrt. Wenn wir zur Bucht aufbrechen, rufen wir ihn manchmal. »Komm, wir gehen los!« Aber er antwortet nicht mehr. Oben vom Hang aus beobachten wir ihn. Auch in den heißesten Stunden spaziert er am Strand entlang, mit weichen Schritten, den Arm um die Schulter einer Frau gelegt, die wir noch am Morgen am Palast gesehen haben – nicht irgendeine vulgäre Touristin, im Gegenteil: sehr schlank, ein schlichtes, aber ausgesuchtes Kleid, kein Flitter, geschmackvoll und teuer, kurzum feminin und selbstbewusst.

Die unsichtbare Demarkationslinie verläuft genau dort: Wir haben eine andere Ausbildung, andere Freunde, andere Liebschaften. Mika fährt mit der Dorfjugend durch die Gegend, sie lassen die Roller aufheulen, rasen mit nacktem Oberkörper und Angebersonnenbrille die Straße hoch und runter, legen sich in die Kurven, reißen das Vorderrad hoch und kommen schleudernd, mit spritzender Kiesfontäne und unter dem Jubel der aufgekratzten Mädchen, zum Halt.

Das hartnäckige Surren hören wir bis ins heiße, stickige Grabungshaus, wie von einer Mücke, die uns in einer drückenden Sommernacht ärgert; gern würden wir sie ein für alle Mal mit der flachen Hand an der Wand zerdrücken. Wir lauschen schweigend, mit regloser Miene, hoffen, dass sie wiederkommen, wegfahren, liegen auf der Lauer, in uns brodelt die Lust, zuzuschlagen, zu rennen, zu beißen, schneller zu leben.

Zacs Prügeleien sind ein präzise getaktetes, sekundengenau vorhersehbares Ballettstück. Nur die Bühne ändert sich: mal das Skorpios, mal eine Bar oder ein Dorfplatz. Aber Mika wartet immer.

Wenn Zac am Ende auf ihn zutorkelt, kommt er ihm einen Schritt entgegen, greift einen Arm und legt ihn sich um die Schulter. Manchmal hat Zac Schluckauf oder kotzt; Mika hält an, schaut nach ihm, rückt sich zurecht, geht weiter. Wir begleiten sie nicht mehr, wir haben unseren eigenen Rhythmus, auf uns wartet die Nacht.

An diesem Abend steht Mika da, an die Mauer gelehnt. Wir sehen ihn, als wir gerade zurück zum Strand wollen. Als Zac torkelnd herauskommt, versteht Mika vielleicht etwas falsch oder will zu schnell helfen. Er geht ihm wie üblich entgegen, aber Zac reißt die sanft ergriffene Hand los, richtet sich auf und drückt, so fest er kann, mit beiden Händen gegen Mikas Schultern.

»Was willst du, Arschloch, was willst du, wieso rennst du mir hinterher, verpiss dich!« Zac redet rasend schnell auf Italienisch, die Sprache seiner Mutter, seiner Wut. Wir verstehen kaum ein Wort, aber was er sagen will, ist umso klarer.

»Arschloch, hau ab.« Zac schiebt Mika noch einmal mit voller Kraft weg – Mika ist einen Kopf kleiner als er, darum ist es leicht –, provoziert ihn, beschimpft ihn gemein. Weil wir zig Mal gesehen haben, wie Zac sich mit anderen anlegt, wissen wir, dass er noch nicht genug hat; er braucht noch einen Stärkeren, Mächtigeren, damit er sich bis morgen betäubt fühlt.

Manche Szenen mussten wir uns im Nachhinein ausmalen. Aber sie sind zweifellos wahr, zumindest zum Teil.

Stellas Puppe ist auf dem riesigen Fernseher sitzen geblieben; Jahr für Jahr starrt sie – stolz auf ihr violettes Rüschenkleid, den blassen Teint, die perfekte Föhnfrisur – verächtlich auf Besucher herunter. Stellas Mutter passt auf sie auf, befreit sie sorgfältig vom Staub.

Und ausgerechnet diese wunderschöne Puppe, der die Mutter den besten Platz im Wohnzimmer gegeben hat, darf Stella nicht anfassen: »Du hast schmutzige Hände, du ruinierst die Frisur, Finger weg.«

In dem Zimmer, das sie sich schon lange mit ihrem Bruder teilt, hat Stella ein Regal aufgebaut und darin nebeneinander die Seeigelgehäuse, ein Muranoglas-Pferdchen, das ihr ein englischer Tourist geschenkt hat, und Zacs Freundschaftsbändchen aufgereiht.

Eines Tages beschließt ihre Mutter, so wie die Nachbarn Zimmer an Touristen zu vermieten, die Bed and Breakfast einem unrühmlichen Hotel vorziehen. Das Zimmer von Stella und Mika scheint ihr am geeignetsten, es ist das größte und hellste, und sowieso werden die beiden bald ausziehen, Stella wird heiraten (in ihrem Alter war ihre Mutter schon verlobt), und Mika, das hat er schon immer gesagt, will dieses Loch am Ende der Welt verlassen und zu seiner Tante nach Athen gehen, so weit weg wie möglich, und auf keinen Fall mit den Eltern die Taverne führen.

Also, was soll's, es ist nur natürlich, dass man die beiden nun in der Abstellkammer unterbringt, wo sonst die Werkzeuge lagern, da gibt es zwar kein Fenster, aber genug Platz für zwei Betten, und schließlich verdient man mit dem Zimmer in einem Sommermonat mehr als die Nachbarn je bei den Ausgrabungen.

Stella kam nach Hause, durchquerte die Sackgasse,

drückte das Hoftor auf, schob den Fliegenvorhang beiseite und warf ein »Ich bin wieder da« in den Raum, aber niemand antwortete; der Geruch nach Putzmittel und Essig sprang ihr sofort ins Gesicht. Ihre vier Wände waren ausgeräumt, die Schätze in einen Pappkarton gestopft, die Seeigel zerbrochen. Das Zimmer war sauber, unpersönlich, perfekt.

Mika erzählt es uns auf dem Rückweg von unserer Bucht, mit dem Fuß schiebt er Steinchen vor sich her, scheinbar aufgeräumt. Es sollte eins unserer letzten Gespräche sein. Als er nach Hause kam, saß seine Schwester im Wohnzimmer und weidete wutentbrannt mit der Nagelschere die Puppe aus. Sie sah ihn und brach in Gelächter aus, so wie Mika, als er es uns erzählte. Stella, ihre zerbrochenen Träume, ihre stille Wut. Danach hob sie nichts mehr auf, nicht einmal ein Foto von ihrer Hochzeit knapp drei Jahre später.

Jede Ausgrabungsstätte hat ihre Fälscher: Die ersten bekannten Fälschungen der Insel (fein gravierte Siegel, wertvolle Figürchen) stammen vom Anfang des 20. Jahrhunderts und wurden wegen ihrer Originalität bewundert; renommierte Museen fielen darauf hinein. So zierten etwa der Harfenspieler im Metropolitan Museum oder die Göttin in Boston lange das Cover der Kataloge und wurden erst sehr spät als Fälschungen entlarvt. Und nicht zu vergessen die *dubitanda* – Zweifelsfälle, bei denen die Herkunft nie geklärt werden konnte.

Niso kommt seine ganze Jugend viele Jahre später unwirklich vor, wie die Erzählung aus dem Leben eines anderen oder die fiktive Erinnerung eines Replikantenhirns in *Blade Runner*. Genau, anscheinend hat er sich in einen Replikanten verwandelt, in ein gesellschaftsfähiges Wunderwerk der

Robotertechnik, das nur noch hie und da beim Anblick gefälschter Fotos etwas empfindet. Wenn er und seine Frau in ihrem Elternhaus in Ligurien Urlaub machen, weckt der Duft trockener Kräuter flüchtige Erinnerungen: an schwarze Punkte auf einer hellen Fußsohle, eine schwere Tritonschnecke auf seiner Hand. Offensichtlich gefälschte Erinnerungsfragmente ohne jeden Realitätsbezug, die irrtümlich in sein Gedächtnis implantiert wurden und nur deshalb den Glanz und die Patina des Vergangenen besitzen, weil er sie hegt und pflegt.

Besonders ein Bild ist in seinem Gedächtnis haften geblieben: der allerletzte Sommer. Zacs Mutter ist nur für ein paar Tage auf die Insel mitgekommen, sie ist fröhlich und distanziert, Niso findet sie schön, aber sie schenkt ihm nur ein knappes, mehr mütterliches als verliebtes Lächeln: »Ach, du bist auch da, Niso? Du bist ja noch größer geworden.« Aber eigentlich fühlt er sich kleiner, und wenn sie ihm über die Wange streicht, wendet er seinen Blick ab. Am selben Abend, so glaubt er, hat er sie im Schatten des Gangs noch ein letztes Mal geküsst. Oder hat sie ihn einfach weggestoßen?

Es wäre einfacher, sich an das Davor zu erinnern. Doch so wie Niso in seinen Kunstbänden besonders die Fotos der gefälschten Göttinnen liebt, hängt er vor allem an seinen Zweifelsfällen.

Auch an dieser Feier, dem Höhepunkt des letzten Sommers. Evi erzählt später tausendmal von den Frauen in extravaganten Kleidern (oder erfindet sie sie?), die für den Reeder viel zu jung waren, von Helen in Goldlamé – wie ein Hollywoodstar der Fünfziger. Der Archäologen-Kongress als Vorwand, der Empfang im Clubhotel für Neureiche, dreißig

Kilometer entfernt und in der Nähe des großen Strandes. Gäste aus aller Welt, das Gefühl, zu den *happy few* zu gehören. Niso erinnert sich in erster Linie an seine Langeweile, den Drang, sich davonzustehlen, auf der Veranda zu sitzen und zu hoffen, dass Zacs Mutter kommt.

Der Reeder und seine Frau sind da, nach Jahren wieder einmal. Sie kehren im Triumph zurück. Er hat Sponsoren aufgetrieben, woher das Geld kommt, will man gar nicht wissen, oder am besten erwähnt man nur die renommierte australische Stiftung, die den Betrieb der Ausgrabungsstätte finanzieren will.

Über den Reeder wird vieles erzählt, sicher ohne Hand und Fuß, in seinen Koffern lägen Meisterwerke, er besitze Hotels im gesamten Mittelmeerraum, immer halb leer, wo er seine russischen Freunde empfange und sein Geld wasche.

Evi hält ihr Glas unter den Champagnerbrunnen, probiert erstmals in ihrem Leben Kaviar, lässt sich abseits von einem sehr großen, stockbetrunkenen Amerikaner küssen und lacht dabei viel. Als sie zum hell erleuchteten Hotel zurückkehrt, zu dem unwirklich blauen Swimmingpool, in dem ein paar Gäste planschen, bleibt sie stehen, zieht die Schuhe von den schmerzenden Füßen und hört, wie der Reeder einige Meter weiter vor den Gästen der französischen Botschaft Volksreden hält.

»Jetzt«, endet er (in einem, wie Evi scheint, drohenden Ton), »jetzt gibt es hier endlich eine Ausgrabungsstätte, die diesen Namen wirklich verdient.«

Niso kann sich nicht daran erinnern, dass er, wie Evi sagt, an dem Abend sturzbesoffen in dem riesigen Pool schwamm. Auch nicht, dass sie eine Schlange fingen, Kaa nannten und einen Sommer lang im Käfig hielten oder dass er mit Zac an einem Nachmittag moosbewachsene Tonscherben aus dem Wasser holte.

Wenn man Menschen einer wissenschaftlichen Studie zufolge eine Fotomontage zeigt, auf der sie in einer Ballongondel sitzen, glaubt ein Drittel von ihnen, sich tatsächlich daran zu erinnern. Evi malt sich durch eine romantische, farbenfrohe Vergangenheit Ballonfahrten aus, echte Potemkinsche Dörfer. So wie Arthur Evans den Palast von Knossos rekonstruiert hat, baut sie unsere Kindheit mit der Kelle neu, befestigt brüchige Mauern mit Mörtel, erschafft eine frei erfundene Monumentaltreppe und ebnet alle störenden Überreste und undankbaren Erinnerungen ein. Hastig verschönert sie die Fresken und verwandelt sie in wunderbar friedliche, harmonische Bilder.

In Evis Gedächtnis gibt es nur Platz für gute Absichten, irres Gelächter und schöne Momente. Sogar aus der Geschichte mit dem Feuer macht sie eine beglückende Erinnerung. »Sag mal, Niso, erinnerst du dich noch?« Sie muss immer noch lächeln, wenn sie an sein erstauntes, rußverschmiertes Gesicht mit den weiß umrandeten Augen wie ein Waschbär denkt.

Doch vielleicht kann Evi diese Zeit später durch das Schreiben in ein ehrlicheres, wahreres Licht rücken. Als Niso einmal im Haus ihres Vaters ist, liest er zufällig – seine Schwester ist nicht da – die verstreuten Zettel, die er in den Schubladen findet, und lernt auch die weniger zauberhaften Szenen kennen.

Das erste Mal, schreibt sie – in ihrer winzigen Schrift, die man kaum lesen kann –, passiert völlig überraschend. Evi spaziert abends gern bis zur Hütte. Sie mag den schattigen

Weg, die beruhigende Stille, wenn die Zikaden nicht mehr singen, den Blick auf den Strand bei Sonnenuntergang. Sie weiß, dass Zac und Stavros abends dort sind, schweigen und trinken.

Zac ist nicht da, Stavros auch nicht. Sie merkt es zu spät. Jemand anders steht im Schatten, sie sieht die Silhouette, er kommt entschlossen näher, sie weiß nicht, warum sie auf ihn zugeht, warum sie vorsichtig und langsam ihr T-Shirt auszieht, dann den Badeanzug und sich auf den gestampften Boden legt.

Der Junge in der Hütte heißt Yannis, beim dritten oder vierten Mal flüstert er es Evi ins Ohr. Er sagt fast nie etwas, sie auch nicht. Er wartet auf sie. Vielleicht glaubt er, sie sei verliebt, oder er ist gar nicht sentimental, eher forschend, manchmal behutsam. Wenn Evi kommt, greift er nach ihrem Handgelenk, zieht sie ins Innere, nicht brutal, auch nicht rücksichtslos. Das ist nicht nötig. Sie wissen beide, was zu tun ist: keine Umarmungen, kein Knutschen, nur kräftige Arme, sich steigernde Lust, erschöpfte Minuten auf dem Boden.

Was will sie? In der Hütte denkt sie nicht, da ist sie nur zarte, makellose Haut, die ideale Verkörperung des Geistes. Sie reibt ihre Haut an seiner, streichelt, wird gestreichelt, ist nur Oberfläche, und wenn er dann tiefer eindringt, kommt es darauf nicht an.

Die Haut. Sie erkundet die Körperoberfläche; würde man die menschliche Haut auseinanderbreiten, ergäbe sie fast zwei Quadratmeter, das hat sie aus einer von Nisos wissenschaftlichen Zeitschriften, die sie, obwohl sie sie kaum versteht, ständig liest. Aber sie breitet nichts aus, sie kriecht in die Falten und erforscht sie streichelnd.

Nicht alles ist gut, schreibt sie; wenn er sich an sie presst, hat sie manchmal das Gefühl, zu ersticken. Doch nach ein oder zwei Wochen geht sie wieder hin. Immer wieder.

Schließlich spielt das Wetter verrückt und unser Leben auch. Mitte Juli ist es nicht wärmer als 28 Grad, vom Meer weht ein starker, böiger Wind, abends sieht die Brandung violett aus. Die Alten im Dorf bekreuzigen sich, das sei nicht normal. Schon nachmittags frösteln wir, weiter draußen wirbelt die Gischt, die Lichter der wenigen Fischerboote flackern auf tiefschwarzen Wellen.

Wir riechen es, bevor wir davon hören: der süßliche, penetrante Geruch von faulendem, verwesendem Fleisch. Weil er das Plastik der Gewächshäuser mit Quallen verwechselt oder die Brandung ihn verwirrt hat, ist er gestrandet und gestorben. Ein eher kleiner Pottwal, sehr entkräftet – ungefähr viereinhalb Tonnen, zehn Meter lang.

Der Sommer mit dem Wal ist unser letzter, aber wir wissen es noch nicht.

Stella hat die Insel verlassen. Mika erzählt es uns bei unserer Ankunft, wir können es kaum glauben. Soweit er wisse, sei sie von einem Athener Geschäftsmann schwanger. Ein achtzehnjähriges Kind, die Geschichte klingt für uns nach Hollywood, nach vorvorgestern, einfach lächerlich. In den Augen der Familie ist der Geschäftsmann, der noch dazu aus Athen ist, ein Segen, und offenbar ist niemand schockiert.

So verschwindet auch Stella im intergalaktischen Trichter. Als wir nur zwei Jahre später von ihrem Tod erfahren, weinen wir nicht. Wir reden nicht einmal darüber. Für uns ist sie schon lange tot.

Sie kommen am Ende des Sommers, vom Dorf her. Zwei riesige Lkws mit orangen Leuchtstreifen holpern über die Schlaglöcher, die Staubwolke ist die ganze Zeit zu sehen, von der breiten Straße bis zum Grabungshaus.

Es sind ungefähr zehn Leute, der Vorarbeiter schreit, als ob er es eilig hätte, dabei war die Ausgrabung doch schon immer da, oder nicht? Sie errichten eine Sicherheitsabsperrung (Holzpflöcke mit weißen Plastikbändern) und brauchen ewig, um die Aufgaben zu verteilen. Vom Magazin aus beobachten wir, dicht an die Wand gedrückt und heimlich, wie sie gestikulieren, anheben, umsetzen, ausmessen.

Gerhard hat es uns lang und breit erklärt: Der Reeder finanziert die Arbeiten, die Ausgrabungsstätte soll ordentlich aussehen und alles bieten, was Touristen anlocken könnte. Die Eingänge sollen gesichert, ein Besichtigungspfad entlang der Straßen und Stuckreste angelegt, erklärende Schilder angebracht und die empfindlichsten Räume mit einem Steg überbaut werden.

Wir gehen schweigend näher heran.

Der Vorarbeiter schreit wie ein unzufriedener Fußballtrainer, trocknet sich den kräftigen Hals ab – die Sonne steht hoch –, wischt sich über die Stirn, auf seinem himmelblauen Hemd zeichnen sich große Schweißflecken ab. Wie von Zauberhand haben die Arbeiter angefangen, sie stapeln unwirsch die Paneele auf, durch die klaffenden Löcher sehen wir eine Mauer, ein Stück Bodenbelag oder einen Säulenfuß. Sie laden die Platten auf den Lkw und fahren in einer Dieselwolke schwankend davon.

In weniger als einer Stunde ist das Plastikdach abgebaut – eine lächerlich kurze Zeit, wenn man bedenkt, wie viele Jahre es die Grabungen geschützt hat, wir darunter verbracht haben, es für uns wichtig war. Schweigend verfolgen wir, wie man uns den Schutzpanzer wegreißt, auf einmal sind wir nackt und verletzlich.

Der Abbau wurde gefilmt, aus juristischen Gründen, wie uns der Vorarbeiter erklärt, vielleicht hat er bewusst geschrien, für die Nachwelt. Die Baufirma stellt das Video auf ihre Website, die ganze Welt kann nun dabei sein, von uns traut sich keiner, es anzuschauen. Doch in unserem Kopf läuft es in Endlosschleife.

Wir verlassen die Insel, ehe das neue Dach endgültig fertig ist.

Schutt

Der erste Sommer ohne Zac und Stella kommt uns lang vor. Selbst unsere Exzesse sind zur Gewohnheit geworden, wir haben alles satt. Wir sind zu alt für Versteckspiele im Dunkeln, Geranienwein, Kopfsprünge in die Bucht und sogar für die Nächte im Skorpios.

Die anderen fehlen uns. Ohne sie schmeckt der Sommer fad, wir haben uns nichts zu sagen, und wenn wir betrunken lachen, spüren wir keine Nähe mehr. Wir bedauern, als Letzte übrig geblieben zu sein, und haben das vage Gefühl, die anderen sind vor uns geflohen.

Evi fährt jetzt nach Saint-Vincent im Aostatal, weil ihr das Laufen nicht mehr reicht.

Und die Jungen im Gymnasium auch nicht. Sie streicheln sie träge im Treppenhaus oder erzählen ihr, wenn an zähen Abenden der Joint kreist, etwas über Songs, doch sie hört nur mit einem Ohr zu und behält nichts davon. Wenn sie auf Konzerte mitgeht, toben und schreien die Jungen mit leuchtenden Augen; sie macht es ihnen nach, langweilt sich, kommt erschöpft nach Hause und möchte nur noch schlafen, am liebsten nicht mehr aufwachen, bis es Abend wird.

Evi kann nicht sagen, was in ihr brodelt. Sie versucht, mit ihrem Bruder in unzusammenhängenden Sätzen darüber zu reden. Sie möchte ihre wilden, chaotischen Gefühle mit jemandem teilen, aber Niso schüttelt nur den Kopf und schweigt.

Lange war das Laufen eine Lösung. Sie hat ernsthaft trainiert, war in der Lauf-AG der Schule, hat an Zehn-Kilometer-Läufen und einem Halbmarathon teilgenommen, bei dem sie Erste wurde. Beim Laufen ist sie immer die Erste. Für kurze Zeit war sie sogar so etwas wie ein Star. Die Schulzeitung druckte ein Foto von ihr, und Schüler, die sie nicht kannte, lächelten ihr auf dem Flur aufmunternd, sogar bewundernd zu. Wäre ihr Schweigen nicht so demonstrativ gewesen, hätte sie sogar beliebt sein können. Sie ist zu anders – oder ist sie die Einzige, der das auffällt?

Seit Kurzem schmerzen ihr die Füße, doch sie läuft nach wie vor Kilometer für Kilometer bis zur Erschöpfung; ihre Haut sondert einen süßlichen Geruch ab, der nicht mehr vom Schweiß stammt, es ist ein leichter, widerlicher Gestank, den sie von sich nicht kennt. Nach dem Laufen sei ihr Kopf nicht mehr so aufgeräumt wie früher, sagt sie, er werde nicht mehr mit jedem Schritt leerer, sondern bleibe bis zum Bersten voll mit Wiedergekäutem, Momentaufnahmen und Erinnerungen.

In unserer Abwesenheit verändert sich das Dorf rasend schnell, noch schneller als wir, als hätte es seine Ungeduld lange gezügelt, aber eigentlich nur auf den einen Strich am Zollstock, die nächste Turnschuhgröße gewartet. Es wächst in plötzlichen, immer rascheren Schüben: Schon bald ist es durch eine breite Straße mit der großen Stadt verbunden, auf einmal ist der Strandweg vom Beton verschlungen, und Häuser von ausgesuchter Hässlichkeit mit Gipsfiguren vom Fließband und grobschlächtigen Säulen – ein Abklatsch des Antik-Spleens der Athener – sprießen wie Pilze aus dem Boden. Läden mit chinesischem Import-Klimbim fressen sich in die Hauptstraße, die mittlerweile mit Mofa-Verleihen und Miniatur-Reisebüros (ein Schreibtisch, ein Stuhl, ein Ventilator) gespickt ist. In der Hochsaison wimmelt es in den engen Gassen von Autos, Rollern und Quads, von Fußgängern in Badekleidung, die zwischen Gyrosbude und Cocktailbar auf und ab spazieren. Die Öllachen aus dem Hafen treiben bis an den Strand.

Wir tun so, als wäre nichts. Sollen sie doch die verwinkelten Gassen mit ihrem weißen Kalk niederreißen und am Dorfplatz die Maulbeerbäume fällen: Das Dorf gehört schließlich ihnen, und sie können damit machen, was sie wollen.

Als Niso auszieht, um zu studieren, bleibt Evi mit dem Vater allein zurück.

Sie schreibt ihrem Bruder lange, lustige Briefe, die von stillen Sonntagen und väterlichen Wutanfällen erzählen. Niso liest sie erfreut, allerdings auch ein wenig besorgt; er weiß, dass sich Evis lustiger Ton umgekehrt proportional zu ihrer Traurigkeit verhält.

Evi nimmt es ihm übel, dass er sie in diesem unendlich stillen, langweiligen Haus zurückgelassen hat. Das wirft sie ihm vor. Sie beschreibt, wie sie in sein Zimmer geht, in seinen Sachen herumschnüffelt, alles genau anschaut, die Spuren seiner Anwesenheit aufsaugt, wie sie ein Paar Socken zusammenlegt (die rechte hat ein Loch) oder ein Geschichtsbuch öffnet, in dem er eifrig unterstrichen hat; sie will alles über ihn erfahren. Wenn sich ihr Vater abends zum Arbeiten zurückzieht, weil er zweifellos ihr, dem begossenen Pudel, aus dem Weg gehen will, richtet sie sich in Nisos Zimmer ein. Sie liest alle seine Schulbücher, selbst die langweiligsten, außerdem hat sie in einem Schuhkarton seine Post aus der Schulzeit gefunden: ein paar Postkarten, ein Dutzend Liebesbriefe voll trostloser Plattitüden einer gewissen Elsa, die Niso beharrlich dämliche Namen gibt, mein Schätzchen, mein Herzchen – da könne sie nur laut lachen. Sie macht sich darüber lustig.

Aber sie habe nichts Aufregendes über ihn herausgefunden, er leiste ihr bloß Gesellschaft. Sie bekniet ihn, wirklich zu kommen, mach schon, Niso, nur für ein Wochenende.

Mehr oder weniger alle Vierteljahr tut sie nicht mehr so, als ob es ihr gut gehe. Ihr Zufluchtsort ist Saint-Vincent, der Name zergeht einem auf der Zunge. Offiziell ist es ein Erholungszentrum; die Leute dort wirken wie betäubt, wie in Zeitlupe, aber nicht verrückt. Das Wort Psychiatrie fällt nie, Adoleszenz reimt sich dort auf Konvaleszenz. Niso hat sie nie in Saint-Vincent besucht.

Wir fahren noch immer auf die Insel, aber durch Studium, erste Praktika, Sommerjobs und Urlaube mit Freunden (auf einem trostlosen Campingplatz, wo ununterbrochen friedliche Urlauber mit Adiletten an den Füßen und Klopapierrolle in der Hand an unserem Zelt vorbeimarschieren) werden die Aufenthalte immer kürzer, und dazwischen machen wir uns weis, dass diese seltsame Rastlosigkeit vor unserer Welt haltmacht, sie dank unserer Erinnerungen unberührt bleibt und ein magischer Kreis in unserer Abwesenheit

Waffelverkäufer, Jetskis und Umweltverschmutzung fernhält.

Wir kommen nur auf einen Sprung vorbei und wollen das Offensichtliche nicht sehen: den grünlichen Schaum an den Steinen der Bucht, die Reifenspuren auf dem Palastgelände, den letzten verkauften Hain am Ausgrabungsrand, dass das Plastik im Wasser immer mehr, die Seeigel immer weniger werden. Wir ignorieren das Werbeschild mit dem Immobilienprojekt und glauben nicht, was in der Zeitung steht: dass die Strände zunehmend verschmutzen und die Zahl der Krebsfälle stark ansteigt.

Im nächsten Sommer kommen wir nicht und auch nicht im übernächsten. Lieber denken wir, dass wir bestimmt in zwei oder drei Jahren oder spätestens in fünf wieder hinfahren.

Wir verlassen die Insel und fühlen uns von ihr verlassen.

Während seines Jurastudiums hört Niso kaum noch von Evi. Sie schreibt ihm keine seltsam lustigen Briefe mehr, auf die er nur selten etwas zu antworten weiß, höchstens ein paar abgedroschene Zeilen. Gerne nimmt er an, das sei ein gutes Zeichen und Evi führe endlich ein normales, langweiliges Leben.

Wenn Niso nach Hause zu ihrem Vater fährt und Evi in Saint-Vincent ist, schleicht er sich jetzt manchmal in ihr Zimmer, zieht vorsichtig die Schubladen auf und versucht, ihr Gekritzel auf den Hunderten von Zetteln und zurechtgeschnittenen Papierstreifen zu entziffern, so gierig und schuldbewusst wie ein Grabräuber alte Hieroglyphen. Er will die unzusammenhängenden Sätze übersetzen, verstehen. Was er nicht versteht, denkt er sich.

Niso erfährt, dass Saint-Vincent für sie fast ein idealer Ersatz für die Sommer auf der Insel ist und die immer gleichen Tage dort wie im Flug vergehen. Ein willkommenes, wiederkehrendes Zwischenspiel in den Schulferien, eine Parallele zu den Sommerjobs und -praktika um sie herum. In Evis Familie spricht niemand darüber, warum sie – wenn auch nur kurz – dort ist. So kann man vermeiden, die Krankheit, die man wittert, zu benennen: Ist sie gestört oder nur depressiv? Man glaubt gern, sie sei dort wie auf einem anderen Stern, also völlig abgeschottet, fragt aber Niso trotzdem nur heiter und beiläufig »Und geht es Evi gut?«, als wäre sie in einem normalen Sommercamp oder auf einer Sprachreise.

Genau, eine Reise. Sie ist weder gestört noch abgeschottet. Sie nimmt sich eine Auszeit, geht und kommt wieder nach Hause. In Saint-Vincent muss sie nichts tun, man verlangt nichts von ihr, sie kann den ganzen Tag herumliegen und träumen, sich nicht mit Medikamenten, aber Erinnerungen betäuben. In Saint-Vincent ist Zac nur ein schöner Vorname, der sie abends warm hält und den sie, zurück im Zimmer, dutzendmal – manchmal hundertmal – aufschreibt.

Evi bekommt oft Besuch von ihrer Mutter, zu der sie den Kontakt nie abgebrochen hat. Allerdings musste sie ihr schmerzlich versprechen, ihrem Vater nichts von den heimlichen Treffen zu erzählen. Die Mutter setzt sich auf die Bettkante, isst mit ihr in der Besucherkantine, begleitet sie mit kleinen, vorsichtigen Schritten in den Garten, setzt sich neben sie auf die Bank und schweigt. Sie betrachtet Evi scheinbar wie eine leere Hülle, wie das Foto einer geliebten, aber früh verstorbenen Tochter auf dem Regal. Beim Spazierengehen drückt sie lächelnd Evis Arm, sagt kein einziges Wort und grüßt höchstens völlig ungezwungen das Personal.

Aber wenn Evi der Mutter ins Gesicht schaut, freut sie sich unendlich, dass die Anspannung, die ihre Züge damals verzerrte, verschwunden ist, diese Übernervosität, die ihr Lächeln während der kurzen (und dann schnell vergessenen) Zeit, bis ihre Eltern sich trennten, zur Grimasse werden ließ. Die mütterlichen Besuche sind ein weiterer Anreiz, sich schon wenige Wochen später erneut für die Blase des Vergessens von Saint-Vincent zu entscheiden.

Nach und nach kommen wir gar nicht mehr; unsere Abschlüsse, unser Liebesleben, die ersten Jobs, ferne Länder, die wir per Backpack und auf nächtlichen Busfahrten erkunden, und Weltreisen mit zwei Dollar in der Tasche beanspruchen uns voll und ganz.
Wir wollen nicht mehr wissen, was aus den anderen geworden ist, solange aus ihnen nur etwas geworden ist. Manchmal erfahren wir es wider Willen durch ein Gespräch unserer Eltern. Dann tun wir so, als ob wir nichts hören.
Anfangs ist es genau so wie das Schreiben der Zahlen auf der dünnen Glasur: wenn man die Feder vorsichtig in die schwarze Tinte taucht, überflüssige Tinte abstreift, damit es nicht tropft, und dann den optimalen Ansatz für eine saubere, dünne, nicht zu dicke oder zittrige, vollkommen gerade Linie sucht.
Zu ihrem zwölften Geburtstag hatte Evi von ihrer Mutter in bester Absicht ein Büchlein bekommen, für die intimsten Dinge. Das hatte sie gesagt: »Schätzchen, das ist dein Tagebuch, für die intimsten Dinge.« Evi waren sowohl Vorstellung als auch Gegenstand sofort verhasst gewesen. »Stell dir mal vor, Niso, für die intimsten Dinge!« Sie könne das rosa-kitschige Ding mit diesem brav über ein Heft gebeugten

Mädchenkopf nicht leiden, erklärte sie, sie hasse den goldenen Verschluss, mit dem sie ihre Intimität verschließen solle wie ihre Unterwäsche in der Schublade und mit der Unterwäsche ihre Scheide. Ihre Mutter sagte vergebens, der Schreibakt bleibe ja geheim, und schwor, eben durch diesen Verschluss könne sie es ja gar nicht anrühren. Evi erinnerte das Vorhängeschloss an einen mittelalterlichen Keuschheitsgürtel, den sie mit der Klasse im Museum gesehen hatte; dieser Gegenstand (mit Zacken und ebenfalls einer goldenen Schnalle) hatte sie erregt wie auch erschreckt. »Wie ein Kiefer, ich schwör's dir!«

Sie will nie im Leben ein Tagebuch haben, das ist das genaue Gegenteil von dem, was sie will: Sie möchte sich loswerden, das kindische Ich, das nur auf der Insel existierte und das sie dort zurückgelassen hat wie die Schlangen ihre Häute, die im Morgengrauen manchmal haufenweise an den Mäuerchen lagen. Sie möchte sich so lange wandeln, bis ihr neues, wahres Ich zum Vorschein kommt. Mit schriftlichen Aufzeichnungen über ihre Kindheit würde sie festhalten, wer sie in einem bestimmten Moment war, und ihre Erinnerung beeinflussen. Auf keinen Fall.

Wenn es eines Tages ein Heft geben sollte, könnte das höchstens ein Grabungsheft sein. Aber das wäre nicht dafür gedacht, das Augenfällige auszubreiten, von Tatsachen und immer gleichen Tagen zu erzählen, sondern im Gegenteil, um tiefer zu schürfen und von dem zu berichten, was weiter unten liegt und man nie sieht. Auf ihren wertlosen Zetteln hält sie später vor allem verwandelte Realität fest, Fiktion.

Die Worte tauchen nach und nach in ihr auf und treiben so undeutlich und farbenfroh wie damals die Pappkraken im Aquarium durch ihren Kopf. Erst mit dem Stift nehmen sie

Form an, überraschend treten sie aus alten Schichten der Realität hervor.

Sie ist von Worten durchdrungen und hält sie in beliebiger Reihenfolge fieberhaft fest; sie ist die Oberfläche, an der die Worte auftauchen können. Was erzählen sie? Fast nichts. Aber immer reden sie von »wir«, denn sie waren eine feste Gruppe, ein Körper.

Die Worte erzählen von dem Julimorgen, tief in ihr vergraben, als Niso auf das helle Mäuerchen stieg und die Grenzen ihrer Welt bestimmte. Von Stellas Fußsohle, übersät mit schwarzen, rot umrandeten Pünktchen. Sie erzählen von Jubel und Leid, einer Hand, in der ihren gefangen, einer Zeltklappe, die abrupt wieder geschlossen wurde, und der tröstenden Wärme, wenn sie abends die Wange an die nackte Erde schmiegte. Von Zac, der nicht witzig sein konnte, ohne zu spotten, und nicht lieben, ohne zu verletzen.

Auch unsere Eltern trennen sich von der Insel und fliegen nur noch manchmal hin, weil sie angeblich Funde studieren oder ein Kolloquium vorbereiten müssen. Die Grabungen enden nach und nach: Sie locken keine Studierendenströme mehr an, die nach Grabungsmöglichkeiten suchen.

Forestier fährt jetzt lieber nach Zypern, wo es vielversprechendere Ruinen gibt. Andere beschäftigen sich noch immer mit der Insel, aber nur noch von Weitem: Sie verfolgen die Veröffentlichungen, analysieren Fotos von Funden oder studieren die Inschriften.

Nur Guedj und Menaud kommen noch beharrlich, auch nach der Pensionierung (in dem Beruf gibt es so etwas nicht, hat Guedj einmal mit Agatha Christie gesagt: je älter, desto interessanter), und wollen sich unbedingt die alten Knochen vom Groll zerfressen lassen, der allein sie nach allgemeiner Ansicht noch am Leben hält, mehr jedenfalls als ihre Leidenschaft für Scherben. Aber die alte Heftigkeit fehlt, das entgeht uns nicht.

Wir richten uns in unserem Leben ein, lernen, die Bequemlichkeit zu schätzen, die Zufriedenheit der Erwachsenen: ein Vertrag, ein regelmäßiges Gehalt, eine Wohnung. Einige heiraten, beim Urlaub, sagen sie, müssen sie jetzt Kompromisse machen (die Schwiegereltern haben etwas in der Toskana gebucht), andere reden drum herum, die Insel habe sich zu sehr verändert, Tinos, Rhodos oder Sifnos passten besser.

Einer nach dem anderen kehren wir in unsere Nichtexistenz zurück.

Als Niso noch klein war, hat er oft davon geträumt. Wenn er die Keramikscherben im Säurebad genau betrachtete, stellte er sich vor, wie er ein seltenes Gefäß mit Delfinen entdeckte oder eine Tontafel mit rätselhaften Zeichen. »Hey, Niso, träumst du?« Wenn man ihn ansprach, hob er beschämt den Kopf, weil er unaufmerksam war, weil man ihm – schlimmer noch – seine Aufgabe wegnehmen könnte, und danach beaufsichtigte er das Säurebad noch sorgfältiger, noch aufmerksamer.

Die Archäologie ist eine Berufung, genau das hat man ihm lange gesagt. Unsere, deine, Berufung war damit gemeint. Dann hat er es verstanden. Um die Epoche erkennen und eine Scherbe mit nur einem Blick einordnen zu können, braucht man mehr als die Berufung – man braucht die Gabe, mehr als das Augenfällige zu sehen. Er besaß diese Gabe nicht.

Darum wählt er schließlich einen Beruf, der vom väterlichen Gebiet möglichst weit entfernt scheint: Rechtswissenschaften, egal welche. Wirtschaftsrecht wird zu seinem Spezialgebiet. Dort gibt es beruhigende Regeln, die der Welt Grenzen setzen.

Er hat sich schon immer viele Notizen gemacht, und das wird sein Markenzeichen. Seine Kollegen halten ihn für pingelig und verstehen nicht, dass er einfach gern am Schreibtisch sitzt, einen Stift nimmt und in einer schlanken, kaum lesbaren, aber sauberen Schrift sorgfältig die Buchstaben malt. Eine schlichte, genau durchdachte Kalligrafie.

Seine Aufgabe besteht darin, unter juristischen Gesichtspunkten ein höchst konkretes Gebiet zu erkunden: Er arbeitet für einen Autobahnbetreiber. Bauen, Weiterbauen, Mautstellen errichten, es geht um die Kilometer und die einkassierten Umsätze. Ganz einfach und greifbar, das gefällt ihm. Auch, weil der Betreiber normalerweise die staatliche Erlaubnis erhält, die vorläufigen archäologischen Ausgrabungen durchzuführen.

Kurzum, sich einen feuchten Kehricht um Archäologen, die Vergangenheit und alte Steine zu kümmern.

Restaurierung

Zwei Jahre nachdem sie das Dach abgerissen haben, überdachen sie, wie wir später hören, die Ausgrabungsstätte an einem Herbsttag neu. Wie die Grabungen das überstehen, mit welchen Kränen oder Gerüsten das feste Dach – Sockel, große Holzbogen, dann die dünnen Latten – errichtet wird, wissen wir nicht.

Es ist nur ein Grabungsfeld, so provisorisch wie alle früheren. Lediglich der Umriss der ursprünglichen Stadt bleibt.

Touristenbusse, Reiseleiter und Gruppen sind nun in der Ausgrabung hochwillkommen. Man sagt uns, dass die Besucher die Ausstattung, die helle, elegante Holzbrücke, den Besucherpfad und die Schilder mit den ausführlichen Erklärungen sehr zu schätzen wüssten. Manch einer bemerke, man würde ja sonst nichts außer graubraunem Mauerwerk sehen.

Doch man braucht immer noch eine irre Vorstellungskraft, beschwert sich ein Tourist fröhlich. Und liegt damit nicht ganz falsch.

An einem seltsam warmen, sonnigen Novembersonntag betrachtet Evi heimlich die Silhouette ihrer Mutter, die auf der Bank im Park von Saint-Vincent sitzt: gerader Rücken, die Hände auf der mitgebrachten Zeitschrift gefaltet, das schöne Licht bringt ihr Haar zum Leuchten, lässt die Krähenfüße verschwinden.

Plötzlich ergibt alles Sinn: warum ihre Mutter die älteren Krankenschwestern mit Vornamen kennt, warum sie ihr Saint-Vincent damals wie eine rettende Wegzehrung nannte und mit »Das wird dir guttun, mein Liebes« empfahl, warum der verrückte Alte aus Zimmer 302 ihrer Mutter lüsterne Blicke zuwarf (Evi stellt sich lieber nichts Genaueres vor), der Direktor sie beide beim Parkspaziergang so vertraulich unterhakt, ihre Mutter die labyrinthischen Gebäude so gut kennt, warum sie vor der Trennung mehrmals unerklärlicherweise weg war und Evi und Niso nie nach ihr fragen oder sie besuchen durften.

In den darauffolgenden Weihnachtsferien ist Evi noch einmal kurz in Saint-Vincent, aber der frisch ernannte Direktor hat ein schärferes Auge als sein Vorgänger. »Na los, mein Mädchen«, sagt er zu Evi und lächelt sie an. »Sie werden doch wohl nicht ihr ganzes Leben hier verbringen wollen.«

Evi ist einverstanden, vielleicht sogar erleichtert. Die vollgekritzelten, vergessenen Zettel, die Niso im Jahr darauf ganz unten in der Schublade findet, bezeugen es.

Sie packt ihre Koffer und geht nie wieder nach Saint-Vincent oder in ein anderes Zentrum. Als wäre nichts gewesen, nimmt sie ihr Studium wieder auf, bezieht ein Jahr später eine Wohnung, lernt jede Menge Leute kennen, hat einen festen Freund, ergattert in einer Sprachschule eine Stelle als Englischlehrerin und zahlt sogar in die Rente ein.

Sie lernt, wie wir alle, ohne Beruhigungsmittel zu leben, und bemüht sich, erwachsen zu werden. Es gelingt ihr ziemlich gut.

Niso ist kurz nach dem Studium nach London gegangen. Kein Ort könnte in puncto Klima, Gerüche und Geräusche weiter von der Insel entfernt sein, und zweifellos hat er sich genau deshalb für diese Stadt entschieden.

Zumindest am Anfang denkt er nicht mehr an Stella, er akzeptiert ein für alle Mal, dass er es einfach nicht versteht, und sieht ein, dass die Sommer – ihre Sommer – in seinem Leben nichts weiter waren als ein kurzes, wenn auch intensives Zwischenspiel.

Dank seinem ersten Posten in einem überschaubaren Unternehmen führt er ein angenehmes, sorgenfreies Leben. Er arbeitet, ohne sich viele Fragen zu stellen, seine Kollegen sind freundlich und begeisterungsfähig: ideal, denkt er. Er ist jung, hat genug Geld, um sich keine Gedanken machen zu müssen, alles andere interessiert ihn nicht. An den Namen seiner Freundin kann er sich später kaum noch erinnern.

Dann sieht er Stella plötzlich überall: In dem indischen Restaurant um die Ecke bedient sie ihn auf einmal ungerührt – scheinbar ohne ihn zu sehen – im Sari, bis er die dickliche Tochter des Besitzers erkennt, die ihn, wenn sie ihm den Teller reicht, immer ein wenig zu zuvorkommend anlächelt.

Manchmal sieht er sie auch auf der Straße. Dann dreht er sich um und folgt ihr sofort, bahnt sich seinen Weg durch die entgegenkommenden Passanten. Aber nie kann er sie einholen und sich ein für alle Mal vergewissern, dass sie es nicht war.

Stella ist umgekommen. Im selben Herbst, in dem das feste Dach errichtet wird, erfasst ein Lkw sie auf der Dorfstraße mit voller Wucht. Der Fahrer wird freigesprochen, der Roller fuhr ohne Licht in der Abenddämmerung, sie trug keinen Helm. Was hat sie dort gemacht, wieso war sie wieder da? In der Zeitung erschien eine kurze Meldung: Sie sei viel zu schnell gefahren, hieß es dort.

Ein blöder Tod, sagen alle wie beim Großvater und wiederholen es auch später ohne Unterlass. Ein schlechter Fahrer, volle Kanne durch die enge Straße, ein Roller hält nicht viel aus, schlechte Sicht.

An dem Tag ist Niso zufällig in London unterwegs, kauft irgendetwas ein, Zigaretten oder alltägliche Besorgungen, nach dem Anruf kann er sich an den belanglosen Grund nicht mehr erinnern, Evi erreicht ihn auf dem Handy und sagt wörtlich: »Es hat sie mit voller Wucht erwischt.«

Der Vorname, Stella, es kann keinen Zweifel geben. Niso hört zerstreut zu, während er, als sei nichts geschehen, zahlt, grüßt und das Restgeld vom Tresen nimmt. Nach dem Anruf erinnert er sich an die Spiegelung im Schaufenster, an das graue, schmutzige T-Shirt des Verkäufers. Draußen setzt er seinen Weg wie geplant fort, als könne er so die Neuigkeit auslöschen, die Realität leugnen. Aber das reichte nicht.

Niso war nicht auf der Beerdigung, Evi schon. Sie erzählt ihm, wie es war, die Leute aus dem Dorf, der riesige Sarg, die winzige Kirche. »Und weiter?«, insistiert er und will den Schwall an Details schon nicht mehr hören.

In den Wochen und Monaten nach Stellas Tod ist er wie betäubt. Immer wieder malt er sich die Beerdigung aus, die schmale Stella in dem riesigen Sarg, die von Weihrauch getränkte Kirche. Wie das ganze Dorf den lackierten Sarg berührt, niedersinkt, ihr über das Haar streicht, ein Kuss auf die Stirn, als wäre sie eine Ikone, Evi und Zac sind da, ein paar andere, an deren Gesichter er sich nicht mehr erinnert. Keiner von ihnen weint in der improvisierten Szene oder gibt den Eltern die Hand.

Der Schmerz kommt nachts und erst viel später. Im Morgengrauen reißt es ihn aus dem Schlaf, in unerwarteten, heftigen Wellen. Bei der Beerdigung ihrer Mutter einige Jahre später – eine plötzliche Krankheit – reist Niso schnellstmöglich, gleich nach der Trauerfeier ab.

Kurz vor dem Unfall hat Niso eine Nachricht von Stella bekommen, eine Postkarte von der Insel, mit sorgfältiger, kindlicher Schrift. Nur ein paar Worte, fast nichts, dann ein »Bis bald«. Er überlegte kurz, antwortete aber nicht, schließlich hatte er nicht vor, die Insel zu besuchen.

Alle Brücken hinter sich abreißen. Der Ausdruck stammt von seiner Großmutter, sie verwendete ihn häufig, wenn sie von dem endgültigen Zerwürfnis mit einem deutschen Cousin erzählte, dessen Grund Niso nie ganz verstanden hat. »Er hat alle Brücken hinter sich abgerissen«, sagte die Großmutter am Ende immer, und der Satz hallte noch lange in ihm nach. Alle Brücken hinter sich abreißen, das wollte er auch, genauso wie Zac. Er hob die Postkarte nicht auf.

Im Studium verliebt sich Niso alle sechs Monate neu, so regelmäßig wie der Kuckucksruf der Uhr. Die Anwärterinnen haben alle dasselbe Profil: Sie reden und lachen gern, kein Gefühlsrisiko. Bei Federica, die er dann heiratet, bricht er ganz klar mit der Regel. Sie lässt sich jedenfalls nicht in die Karten schauen und gibt die Geruchs- und Farblose, fast völlig Reizlose. Ihr Spiel erkennt er zu spät.

Der Alltag vereinnahmt ihn voll und ganz; er behauptet sich, schlägt reflexhaft mit den Armen wie diese Figuren, die in Animationsfilmen ins Leere strampeln, reibt sich in lächerlich dringenden Dingen auf, im Wettlauf gegen die Zeit.

Und genau damals, als er sich für den glücklichsten Mann der Welt hält, sieht er in London zum ersten Mal Stella. Dann immer öfter. Wenn er auf der Autobahn einen Lkw überholt, muss er unweigerlich daran denken, wie sie überfahren wurde. Automatisch dreht er sich beim Überholen um, stellt sich für einen Sekundenbruchteil das Gesicht des Fahrers vor (manchmal ein sehr brutales oder das pausbackige eines achtzehnjährigen Fahranfängers), dann der Aufprall, der Film endet mit Stellas Gesicht, am Boden, ihrem erstarrten Blick. Schließlich vermeidet er, überhaupt noch Auto zu fahren oder zumindest die Autobahn zu nehmen. Oder er lässt Federica fahren. Die Psychoanalytikerin, zu der er geht, spricht von Verdrängung und meint, die Halluzinationen hätten unbedingt auch eine positive Seite. Er glaubt das nicht.

Manchmal haben wir versucht, den uns mittlerweile nahestehenden Menschen wie Familie, Freunden oder Geliebten davon zu erzählen. Wir fangen mit einer bedeutungslosen Erinnerung an, als wollten wir nicht zu viel verraten, uns dem Feuer nicht nähern. Wir lachen gekünstelt, wählen einen ironischen Ton und bedeuten mit einer Handbewegung: eigentlich unwichtig.

Es ist nicht leicht, von einem Ort zu erzählen oder ihn zu beschreiben. Wir kennen all seine Gerüche und versteckten Ecken, seinen Staub und Müll, seine Schönheit, seinen Geschmack und jede kleinste Unebenheit; jeder Winkel, jede

Farbe hat sich uns auf ewig eingeprägt, in 3-D und als Geruchskino. Aber wir bekommen ihn trotzdem nicht zu fassen. Wir haben es versucht und schließlich aufgegeben.

Niso erwähnt die Gruppe gegenüber seiner Frau nur ein einziges Mal. Er hat zu viel getrunken, was ihm in seinem durch und durch vernünftigen Leben außer an Silvester eigentlich nie passiert; er ärgert sich schon, weil er gerade die Kontrolle verliert, fühlt sich wie bei Sturm auf hoher See in Gefahr, das Sofa dreht sich bereits ein wenig.

Er erzählt nichts von der Insel oder den Sommern, erst recht nichts von Stella, nein, nur von sich und den anderen: dass sie wie ein Körper, ein Ganzes waren. »So fest verbunden wie Elektronen und Protonen«, unterbricht ihn Federica. »Wie die Bausteine im Atomkern: Die einen sind im Zentrum, die anderen kreisen darum.«

Frederica versteht es, immer das richtige Bild, die eine passende wissenschaftliche Präzisierung zu finden und noch vom unbedeutendsten Gesprächsthema eine Verbindung zu ihrer Doktorarbeit in Teilchenphysik herzustellen. Damals ist sie Postdoktorandin und monomanisch, so wie immer. Niso verdächtigt sie, selbst im Bett noch zu denken; während er in den Schlaf sinkt, steht sie mitten in der Nacht auf, um zu arbeiten. Als gäbe sie zu, dass ihr beim Sex eine gute Idee gekommen ist – oder vielleicht trotz Sex.

»Habt ihr euch denn später nie woanders getroffen?«, fragt sie. »Hat dir das nicht gefehlt?«

»Nein, überhaupt nicht«, sagt Niso mit Nachdruck. »Außerdem denke ich gar nicht mehr daran.«

Auch wenn wir in all den Jahren versuchen, die Insel aus unserem Gedächtnis zu streichen, weckt ein bestimmter Geruch – trockenes Gras, raues Laken, zerdrückte Geranie, Jasmin, Läusemittel – manchmal eine kurze Erinnerung in uns; überwältigt von der flüchtigen Momentaufnahme, halten wir verstört inne, bevor wir unser Leben wieder aufnehmen.

Wir haben unsere Erinnerungen in Folie verpackt und tiefgefroren, überzeugt davon, sie später nach Belieben hervorholen zu können. Wir wollen es einfach nicht glauben, doch unsere innere Landschaft wird Jahr für Jahr weiter aufgezehrt und beschnitten oder zieht sich wie Chagrinleder zusammen.

Evi kehrt noch ein einziges Mal und nur kurz auf die Insel zurück. Am liebsten würde sie auswandern und Europa so weit wie möglich hinter sich lassen; eine ganze Nacht im Flugzeug, aber das ist doch nichts, sagte ihre Großmutter, als sie davon erfuhr. Aber Evi hatte das Gefühl, unbedingt wegzumüssen, und sei es nur auf einen Sprung.

Es ist Anfang Mai, das Wetter noch kühl, regnerisch und windig. Evi hat keine warmen Sachen dabei, auch keine Regenjacke, daran hat sie gar nicht gedacht. Nach einigen E-Mails hatte sie die Erlaubnis erhalten, im verlassenen Grabungshaus zu übernachten, wo nur ein deutsches Ehepaar die Fundstätte instand hält und an seiner Doktorarbeit schreibt.

Anfangs zittert sie ununterbrochen. Dass sie für dieses feuchte Zimmer ohne Heizung, ohne Zusatzdecke auch noch Geld bezahlt hat. Um wenigstens ein paar Stunden halbwegs zu schlafen, nimmt sie in der ersten Nacht frühmorgens den Badvorleger und deckt sich damit zu. Sie wacht völlig durchfroren und mürrisch auf, mit blauen Zehen.

Dann kommt endlich die Sonne hervor; offenbar hat die Insel bis zur letzten Minute gewartet, um mit einer Explosion aus Blumen und schweren Düften zu jubilieren. Evi genießt die Pracht, wandert berauscht an der Küste entlang, joggt ein Stück, hält aber schon bald außer Atem an. Weil sie weiter will, beschließt sie, einen Roller zu leihen, um nach Lust und Laune über die staubigen Straßen zu fahren. Die sechs oder acht Rollerverleiher sehen alle aus wie ein gealterter Mika, mit Bauchansatz, früher Stirnglatze, Goldkettchen und engem T-Shirt.

Aber ins Dorf traut sie sich nicht; sie will sich nicht zeigen, Hallo sagen, die Leute umarmen. Ihr fehlt der Mut, wieder vor den Spaghetti mit Soße zu sitzen. Aber die alte Maria kommt noch immer ins Grabungshaus, eigentlich unglaublich, hören die Leute hier denn gar nicht auf zu arbeiten? Auf ihre Fragen (sie sucht nach Worten, ihr Griechisch ist verkümmert) antwortet Maria erst einsilbig, doch dann redet sie beim Saubermachen in einem fort.

Evi geht von Zimmer zu Zimmer brav hinter ihr her. Die Krise, erzählt die alte Maria, habe das Dorf getroffen, die Touristen blieben aus, die Athener wollten ihre Häuser verkaufen, aber vergeblich, keiner könne es sich mehr leisten, die Reichen seien jetzt arm, die Armen schafften es nicht mehr und gingen weg, der Bus fahre nur noch ein Mal die Woche, aber die Krise treffe nicht alle, so viel sei sicher, erst kürzlich habe ein Minister ganz in der Nähe Urlaub gemacht, in dem Club mit Swimmingpool.

In eine Pause hinein stellt Evi schüchtern die Frage, die sie in Gedanken lange vorbereitet und immer wieder hin und her gewendet hat. Mikas Eltern leben jetzt in der Vorstadt von Athen, bei einer Cousine des Vaters.

Am letzten Tag legt sich Evi in die weichen, blühenden Sträucher oberhalb der kleinen Bucht und schläft versehentlich ein. Erstmals seit Jahren kann sie länger schlafen, ein ruhiger Schlaf; als sie aufwacht, ist das Licht golden, sie fröstelt. Nichts bleibt, wie es ist, aber die Jahreszeit hat damit nichts zu tun.

Keiner von uns hat einen der anderen kontaktiert. Manchmal, selten, erzählen unsere Eltern etwas – der oder die Soundso habe eine neue Stelle, sei wieder verheiratet, habe ein Kind. Aber wir können uns die Gruppe nicht anders als in diesen Sommern vorstellen, und noch weniger, einfach anzurufen oder eine Nachricht zu schicken.

Niso und Evi haben sich schon länger nicht gesehen, seit zwei oder gar drei Jahren? Normalerweise treffen sie sich an Silvester bei ihrem Vater. Manchmal sind sie sich dann nah, sitzen wortlos nebeneinander und haben wieder – wie damals als Kinder – das Gefühl, die Gedanken des anderen lesen zu können. Aber immer nur kurz und nur sehr selten. Es gibt keinen Streit, die Zeit vergeht einfach schneller; ihre Verbindung ist schwächer geworden, wie ein ausgeleiertes Gummiband. Außerdem arbeitet Niso verbissen, hat früh geheiratet, ein überlasteter Vater. Er gibt sich erwachsen, will unbedingt ernsthaft, erfolgreich, finanziell unabhängig, ein Familienmensch sein – all das also, was Evi ablehnt und in ihrem Leben nicht haben will. Er meint, er habe sich verändert, aber Evi lässt sich nicht täuschen: Er ist noch immer derselbe, mit seinen Autoritätsanfällen, seiner blassen Haut und dem unheilbaren Fluchtreflex, kurzum ein Hasenfuß, während sie kopfüber voranstürmt.

Noch immer lädt der Vater Evi und Niso jedes Jahr zu Silvester ein und organisiert in dem Haus in den Ardennen, wo er jetzt wohnt, ein echtes Festmahl nur für sie.

Der Ablauf kann sich ändern, die Menüfolge auch, aber manches bleibt, wie die schier unglaubliche Menge an Gerichten – als würde er mit der überquellenden Tafel der Grabungshelfer von damals wetteifern – oder der allgegenwärtige Alkohol, denn natürlich übernachten sie dort auch. Und wenn der Vater gegen Ende des Abends schon ziemlich beschwipst ist, aber bestimmt nicht so betrunken wie sie, will er unbedingt griechische Musik hören: Dann stimmen sie *Das Mädchen von Piräus an*, danach gleich noch zwei oder drei andere Klassiker und nehmen zwischen ihren kläglichen Anläufen immer wieder einen kräftigen Schluck Raki, regionalen Schnaps oder Rumtopf.

Am nächsten Morgen erinnern sie sich nur noch sehr vernebelt daran, wie sie zum Abschluss lauthals den alten Hit von Nana Mouskouri grölten, *Weiße Rosen aus Athen*, und, weil keiner weiterwusste, in der kühlen Nachtluft, bei offenem Fenster nur noch ausgelassen die Zeile »Komm recht bald wieder« schmetterten, als Antwort nichts als das Muhen einer Kuh.

Evi schreibt Zac nur zweimal und bereut es schon, als sie die kurzen Briefe einwirft. Er antwortet nicht, aber sie ist unschlüssig, ob er einfach nur umgezogen ist oder ihren Brief, mit dieser damals so typischen gereizten Handbewegung, weggeworfen hat. Später findet sie Zac in einem sozialen beruflichen Netzwerk. Sein Profil hat nur drei Zeilen: Er wohnt noch immer in dieser trüben norditalienischen Industriestadt, die sich, wie er immer gesagt hat, in einem düsteren Tal in sich selbst verkapselt, ist *ingeniere* und arbeitet in einem Unternehmen, das seinen Familiennamen trägt. Anders als gedacht macht er heute genau das, was sein strenger Onkel zweifellos von ihm erwartete.

Mehrmals widersteht Evi der Versuchung, sich mit ihm zu vernetzen. Schließlich schickt sie eine Kontaktanfrage – keine Antwort. Sein Schweigen ist beredt: Zac hat sich gefügt und die Insel verdrängt.

Als Louise auf die Welt kommt, ist Niso ganz aus dem Häuschen, niemals hätte er geglaubt, dass er Vater wird; er dachte immer, Evi und er wären ein verdorrter Ast am Stammbaum. Louise hat dunkle Haare, so viele, als hätte sie eine Haube auf dem Kopf. Staunend umfasst er ihren Kopf mit beiden Händen, pustet sanft auf diese seltsam struppigen Haare. Ist das die berühmte Behaarung seines Großvaters? Mit Sicherheit hat sie kaum Ähnlichkeit mit ihren Eltern. Die dunklen Haare, die ihr schon bald trotz aller Bändigungsversuche in die Augen fallen, die kleine entschlossene Schnute, das ist ganz Evi, da sind sich alle einig.

In den ersten Monaten und Jahren mit Louise ist Niso ständig erschöpft, aber strahlt; nachts zählt er die Fläschchen, tagsüber versucht er zu arbeiten. Wenn er seine Tochter im Kinderwagen zur Tagesmutter bringt, müssen sie frühmorgens in der Kälte los. Einmal hat es nachts geschneit, sie spielen mit dem Schnee auf den Autos. Trotz der Umweltverschmutzung kommt ihm die Luft sauber und unendlich leicht vor, er atmet tief durch, breitet die Arme aus, lacht, Louise macht es ihm nach, ungeplant nehmen sie einen Umweg durch den Park, kugeln sich im Schnee. »Die Kleine ist ja ganz nass!«, ruft die Tagesmutter vorwurfsvoll.

Die Zubettgehzeit mit Louise liebt Niso besonders, die festen Rituale, das Bad, das Essen, die Geschichte, der Gutenachtkuss, ihre helle Stimme, ihr zarter, eigentlich kaum wahrnehmbarer Geruch, ihre Wutanfälle, all das füllt den Raum aus und lässt keinen Platz für die Halluzinationen, die ihn früher bedrängten. Manchmal taucht überraschend eine Erinnerung auf, wie ein Phantomglied. Aber Stella? Er denkt nur noch selten an sie und träumt auch nicht mehr von ihr.

Niso liest Louise Geschichten vor, die er mit unendlicher Sorgfalt aussucht, um sie zu überraschen. Er mag es, wenn unbekannte Wörter auftauchen und sie endlos Fragen stellt – auch wenn Louise wieder und wieder dieselben Geschichten und Wörter hören möchte. Er macht es sich auf dem Sofa im Elternschlafzimmer bequem, seine Tochter schmiegt sich an ihn, wie immer zwei Finger im Mund; manchmal kommt dann seine Frau herein und scheucht sie auf: »Was machst du so spät noch hier, morgen in der Schule ist sie wieder hundemüde.«

Beim Vorlesen hat er eine andere Stimme, sagt Louise immer, eine Vorleserstimme, er spricht tiefer, ernster, flüstert fast. So wie Zac, den er, ohne es zu merken, nachahmt.

Inventur

Bei jedem Umzug hat Niso seine Sachen schichtweise geordnet. In den ersten Jahren wünscht sich sein Unternehmen Mobilität von ihm, und er kommt dem gern nach. Es gefällt ihm, seine Sachen chronologisch Schicht für Schicht in Kartons zu ordnen und auf jeden mit Filzstift einen komplexen Code aus Zahlen und Buchstaben zu schreiben. Die Kartons stapelt er meistens in einer Kellerecke, wo er sie nach Möglichkeit auch zurücklässt. Manchmal regt sich sein Nachmieter darüber auf, und er muss sie abholen, aber das ist die Ausnahme. Dann nimmt er sie mit und bewahrt sie ungeöffnet bis zum nächsten Umzug auf.

Mit den Jahren bilden die Schichten Sedimente: Erinnerungen, von den ältesten bis zu den jüngsten, lagern sich ab. Doch wenn wir graben, strömt Sand in die Probebohrungen, wir finden nichts wieder. Nur manchmal durchfährt uns plötzlich eine Stimme oder ein Bild, die wir längst vergessen glaubten.

Wir besitzen weder Fotos noch unverrückbare Erinnerungen, dafür umso mehr Lagepläne, Veröffentlichungen und wissenschaftliche Bücher, die wir zu lange nicht abgestaubt haben. Jetzt schlagen wir sie auf, als könnten wir mehr darin finden als trockenes Wissen, ungenießbare Listen und ebenso statische wie schöne Fotos: steinerne Sphinxe, Gefäße mit Lilien und anmutigen Tintenfischen, blasse abstrakte Elfenbeinfiguren. Wir beugen uns vor, um den Papiergeruch einzuatmen, in der Hoffnung auf den besonderen Duft des Magazins, und versuchen, die winzigen Buchstaben in den Legenden zu entziffern. Schließlich klappen wir die Bücher zu, sie sind alles, was wir haben.

Nach dem Tod der Großmutter sollen Niso und Evi die alten Bücher bekommen und die Bibel, die Niso laut seinem Vater früher so geliebt hat, doch sie wollen weder das eine noch das andere. Allein die Vorstellung, etwas zu erben, kommt ihnen absurd vor.

Nur was von der Insel geblieben ist, zählt. Obwohl Niso diese Zeit angeblich vergessen hat, sammelt er über Jahre, die ihm wie Jahrhunderte scheinen, mit akribischer Sorgfalt sämtliche Relikte und bewahrt sie zu Hause auf. Die beiden Fotos sind in der obersten, verschlossenen Schublade, und die Purpurschnecke aus der Ausgrabung lag – wie ein gewöhnlicher Briefbeschwerer – lange demonstrativ auf dem Schreibtisch. Als Louise das Gehäuse eines Tages nehmen und damit spielen wollte, wanderte es in Nisos Arbeitszimmer in der Firma. Momentan ruht es in seinem empfindlichen Pappkästchen auf dem hellen Holzbrett gegenüber der Glasfront, durch die man über die Dächerflut der Stadt blickt. Niso schaut gern in die Ferne und verliert sich im Himmel. Und niemand fragt ihn jemals nach dem alten Zeug, das dort herumliegt, alle interessieren sich natürlich mehr für die Zeichnungen seiner Tochter, gut sichtbar an der Wand.

Seit fünfzehn Jahren ist Niso nicht mehr dort gewesen. Der bloße Gedanke an die Insel ist unauffindbar im letzten Winkel seines Gehirns verborgen. All die Jahre widersteht er jeder Versuchung, auch nur daran zu denken.

Eines Morgens entdeckt er die Nachricht in seinem beruflichen Postfach, die Adresse ist im Internet leicht zu finden. Er ist gerade in der U-Bahn, schaut zerstreut auf sein Handy, überfliegt die E-Mail und erkennt Helens Namen; mit ein paar knappen, formellen Sätzen lädt sie ihn ein, im Sommer auf die Insel zu kommen, um an einer Gedächtnisfeier für Gerhard teilzunehmen, der eine Woche zuvor gestorben ist.

Niso konnte solche Zusammenkünfte noch nie leiden und Feiern erst recht nicht, er sei ungesellig, hat Federica gesagt. (Was meinte sie damit? Zu einzelgängerisch?) Die renommierte Universität, an der er studiert hat, schickt ihm alle fünf Jahre eine Einladung, in der er demonstrativ geduzt wird, um ihm unterschwellig zu sagen, dass er denselben Stallgeruch habe und es seine Pflicht sei, der Aufforderung nachzukommen. Der gewählte Veranstaltungsort ist immer angeblich locker, aber in Wirklichkeit versnobt, etwa ein Restaurant am Seeufer oder ein eigens gemietetes Schiff. Normalerweise antwortet er nicht; er geht in Deckung, stellt sich beim Erinnerungsschreiben taub, findet immer eine Ausrede und löscht auf dem Anrufbeantworter die Nachrichten von einem alten Studienfreund, den er ansonsten so gut es geht meidet, auch wenn der beharrlich insistiert. Er mag keine Jahrestage und diese erst recht nicht, selbst seinen Hochzeitstag hat er nie gefeiert (nicht einmal in seinen Kalender eingetragen), was ihm seine Ex-Frau neben seiner Ungeselligkeit vorgeworfen hat.

Die Feier wird schon ein halbes Jahr vorher angekündigt? Und er, Niso, ist eingeladen? Er kannte Gerhard doch kaum. Wieder und wieder liest er die E-Mail und verpasst sogar die Haltestelle, muss an der nächsten aussteigen und wieder zurückfahren.

Wir alle haben nach und nach Helens E-Mail erhalten. Als wir bei der Arbeit zufällig eine Pause einlegten oder beim morgendlichen Kaffee die Zeitung lasen, konnten wir der Versuchung nicht widerstehen und haben die Ausgrabungsstätte im Internet gesucht. Auf jeden Fall ist sie schwer zu finden, dafür entdecken wir auf einem nahen Hügel, in etwa zehn Kilometer Luftlinie und am Meer, eine neue Ausgrabung.

Wir gehen auf die Internetseite, durchforsten die Fotos. Die Archäologinnen und Archäologen sind offenbar jung, voller Tatendrang und kennen sich mit den neuesten Technologien und Managementmethoden aus. Wenn man Sommer für Sommer dort hinfahren will, muss man schließlich private Sponsoren auftun und sichtbar sein. Jedes noch so nichtssagende Fundstück wird mit einer Kampagne beworben, die so durchorganisiert wirkt wie ein Grabungsfeld.

Man spricht jetzt nicht mehr von Grabungen, sondern von Projekten, die man steuern muss. Probebohrungen werden nicht mehr zufällig und einfach auf gut Glück durchgeführt. Die Lage unterirdischer unbekannter Mauern, Schichten und Schätze kann dank Luftaufnahmen immer präziser eingegrenzt werden. Hightech-Partner liefern die Maschinen der Zukunft, ihre Prototypen vermessen die Fundstätte, errechnen Maße, erzeugen blitzschnell eine 3-D-Darstellung der eben erst ausgegrabenen Vase und fügen Scherbenpuzzles zuverlässiger zusammen als der fähigste Restaurator. Das wertvolle Grabungsheft ist längst vergessen, alles ist jetzt auf dem Tablet, man kann Auszüge davon nachlesen.

In einem Werbevideo werden als Unterstützer mehrere Universitäten genannt, die einen ständigen Strom unterbezahlter, zu allem bereiter Praktikantinnen und Praktikanten garantieren. Jetzt arbeitet man auch nicht mehr gegen, sondern mit den Touristen: Wenn sich dem Eingang eine neugierige Gruppe nähert, wird sie bestimmt von einem Studenten herbeigewinkt, der eine Führung improvisiert. Und wenn die Besucher dann, mit einem Prospekt in der Hand, wieder gehen, legen sie – begeistert von den authentischen Schädeln und echten Tonscherben – ein paar Scheine in eine am Eingang dafür vorgesehene Urne.

Von ganz weit oben betrachtet, hat die größte griechische Insel noch immer die charakteristische Form, die Niso als Kind mit Filzstift im Familienatlas nachgezeichnet hat: eine etwas scheue Nacktschnecke, die im offenen Meer die Felsen abweidet, die Fühler nach hinten gebogen und der gerundete Rücken so zerklüftet wie der Kamm eines Leguans.

Den Finger auf der Maus, zögert er, näher heranzugehen. Klicken oder nicht? Er wechselt von einer Ansicht zur nächsten, geht wider Willen zurück auf Google Maps, hält sich zum zigsten Mal feierlich zurück, steht auf, um ein Glas Wasser zu trinken, sieht bei Louise nach dem Rechten und horcht auf ihre langsamen Atemzüge. Als er zum zweiten Mal ins Wohnzimmer zurückgeht, setzt er sich hin und öffnet den Laptop.

Blitzschnell zoomt er die Karte heran, zentriert sie genau, vergrößert sie und erkennt zuerst den Weg, jetzt asphaltiert.

Vom Meer weg führt er bis ins Dorf und ersetzt den fast geraden Trampelpfad vom Grabungshaus zum Strand.

Durchschnittlich viermal am Tag, fünfundsiebzig Tage hintereinander, von zwei bis siebzehn Jahren. Er rechnet es kurz aus (eine Berufskrankheit, er ist immer präzise und effizient): mehr als 4500-mal ist er über diesen Pfad im Nirgendwo gelaufen. Die Entfernung vom Gartentor bis zum Strand ist in seiner Erinnerung unendlich variabel, kurz, wenn er zum Meer läuft, aber viel länger, wenn der Sand an heißen Tagen unter den Füßen glüht. Überprüfung nach Augenmaß: von der Straße bis zum Grabungshaus laut Maßstab höchstens ein Kilometer. Vom Haus bis zu der kleinen Bucht 600 Meter.

Als er auf Satellit umschaltet, wird alles lebendig und farbig, das Meer noch türkisfarbener als in seiner Erinnerung, der Boden an manchen Stellen rot, die Sträucher tiefgrün. Unwillkürlich führt er seine Hand zum Bildschirm, als wolle er sich vergewissern, dass es diesen Ort wirklich gibt, oder ihn näher erkunden.

Die Nachricht geht ihm den ganzen Tag nicht aus dem Kopf. Er dreht und wendet die zwei, drei nüchternen, fast spröden, völlig tonlosen Sätze hin und her, versucht, ihren Sinn zu ergründen, ihre Echtheit zu überprüfen. Haben auch Evi und alle anderen die Einladung zu der, so Helens Worte, *posthumen Hommage im Gedenken an Doktor G. Bauer* bekommen?

Niso hat keine Lust, Evi anzurufen. Vielleicht ist das Ganze nur ein Scherz für Eingeweihte, einer dieser dämlichen Witze, wie sie damals auf der Insel üblich waren.

An dem Abend zieht es durch die undichten Wohnzimmerfenster, eigentlich hatte er schon beim Einzug vor sieben

Jahren versprochen, sie auszutauschen, es aber nie getan. Am Bildschirm geht er die Orte ihrer Sommer durch, klickt dahin und dorthin, wieder auf die vorige Stelle und kehrt ständig zu demselben Fluchtpunkt zurück. Einem deutlich erkennbaren einzelnen weißen Fleck, ganz klar ein Rechteck: zu dem Haus unten rechts.

»Was machst du da, Papa?« Reflexartig schließt er den Laptop und dreht sich zu Louise um; sie klettert auf seinen Schoß, macht es sich bequem, zwei Finger im Mund, und nuckelt versonnen an etwas, das noch vor zwei Jahren wie ein unförmiges blaues Nilpferd aussah und einige Sommer später sicherlich in eine Schrankecke verbannt wird.

»Schläfst du noch gar nicht?«

»Ich bin nicht müde.«

Doch ihre Lider flattern, er spürt, wie ihr Körper nachgibt, der Kopf schwer auf seine Schulter sinkt. Eigentlich sollte er sie hochheben und ins Bett bringen, aber er legt sie nur aufs Sofa, beinah ungeduldig, es treibt ihn zurück an den Laptop.

Vom Grabungsfeld kann er nur das feste Dach ausmachen. Die Plastikpaneele lagen damals auf Bodenhöhe; wenn er das Labyrinth erkunden, Verstecken spielen und von einem Raum zum nächsten kriechen wollte, musste er daruntergleiten.

Von dem Weg gibt es nur ein einziges Foto: mit Olivenbäumen, einem brachliegenden Feld, im Hintergrund die bläulichen Hügel. Enttäuscht betrachtet er den grauen Asphalt, keine staubige Erde mehr, die sich unter den Füßen rau anfühlte und pikste. Aber vor allem fehlt bei Google der Geruch nach trockener Erde und mediterranen Kräutern unter der heißen Augustsonne.

Die letzte Vergrößerung. Danach macht er den Computer bestimmt aus und bringt Louise ins Bett, schwört er sich, wohl wissend, dass er weder das eine noch das andere tun wird.

Zum Schluss noch die Hütte am Strand. Schon vor langer Zeit muss sie neu gebaut worden sein, ein festes Haus, kein Bambusdach mehr. Und noch stärker vergrößert: ein glitzernder Metalltisch, ein Werbeplakat (Amstel Pils), ein weißer Sonnenschirm und diese hässlichen Plastikstühle, die jetzt an allen Stränden stehen, im Hintergrund Autos, ein blaues, ein schwarzes, zwei weiße, ein Blinken in der Sonne. In Großaufnahme dann ein griechischer Salat mit zu viel Öl – das kann er trotz aller Verschwommenheit erkennen –, Brot, ein Bier, Pommes frites. Hinter dem Bier der noch weiße Arm eines Touristen, am Handgelenk ein Tattoo.

Er schließt die Augen, die flache Hand auf dem ausgeschalteten, noch warmen Bildschirm, und wartet auf die Gefühle wie auf die Wellen am Meer.

Woran ist Gerhard gestorben? Keiner weiß etwas Genaues. Gerhard entkräftet in einem Krankenhausbett, von einem Raser totgefahren, vom Blitz erschlagen, mit spitzer Nase zwischen den Brüsten einer Geliebten: Das alles erscheint uns äußerst fraglich. Doch was immer wir uns vorstellen, beim Gedanken an ihn kommen die romantischsten Thesen (Verrat, Leidenschaft, Mord) ganz von allein. Jedes Mal taucht noch ein weiteres düsteres oder exotisches Detail auf, eine Krankenschwester mit sündigen Absichten, ein Vorarbeiter, Antikenhandel unter der Ägide einer chinesischen Triade.

Das muss Gerhards Traum gewesen sein, ein prächtiges

Grab, ein großes Begräbnis, seines irdischen Ruhms würdig. Bestimmt kannte er das Grab des griechischen Archäologen Marinatos an der Ausgrabungsstätte auf Santorin. Ein unglücklicher Sturz ins Grabungsfeld, mein Gott, was für ein Tod, muss er gedacht haben, unversehens aus dem Leben gerissen, bedeckt von der Erde, die man eigenhändig ausgegraben hat. Und nach dem Tod zu hören, wie die stumme Prozession der Touristen respektvoll, gemessenen Schrittes und mit unaufhörlich klickenden Fotoapparaten um das Grab geht.

Wie Gerhard wirklich gestorben ist, wollen wir aus Angst vor der Enttäuschung nicht wissen.

Jahrelang hat Niso gewissenhaft Trümmer aufgeschüttet, festgestampft und sein Leben darauf aufgebaut. Doch als er Helens Einladung (*die Verrückte*, nennt er sie im Stillen immer noch) erhält und mehr als zehn Mal liest, kommen die ersten Erinnerungen hoch.

Das Grabungsfeld liegt jetzt in ihm. Doch Graben heißt auch Zerstören, erbarmungslos zertrampelt er jeden einzelnen Moment, die Tritonschnecke, ihr gemeinsames Gelächter, die Sprünge in die Bucht. Als die Erinnerung an Stella wiederauftaucht, verlieren die Bilder im hellen Tageslicht ihre Farbe, so wie damals die empfindlichen roten und blauen Stuckwände im Lustralbad, die in nicht einmal einer Woche durch die Sonne verblasst waren.

Wir zögerten, erfanden Ausreden, schoben es vor uns her. Doch am Ende haben wir uns alle dafür entschieden. Alle außer Zac.

Bei all den Vorbereitungen, den zu regelnden Details – ein Kind muss bei der Mutter abgeholt, ein Projekt noch in letzter Minute fertig, eine Katze den Nachbarn anvertraut werden – hatten wir keine Zeit, uns Fragen zu stellen. Wir eilten durch die U-Bahn-Gänge, sprangen in ein Taxi, passierten Polizeikontrollen und Sicherheitsschleusen, nahmen unseren Flug, jeder einen anderen am selben Tag. Im Flugzeug saßen wir zwischen fröhlichen Urlaubern, überschwänglichen Familien, begeisterten Studierenden und redseligen Rentnern.

Wir denken schon lange nicht mehr an die Insel, aber als wir auf dem Flughafenasphalt landen, der weite Himmel über uns, und die zirpenden Zikaden langsam die surrenden Triebwerke übertönen, haben wir das Gefühl, nie weg gewesen zu sein.

Anfangs achten wir sorgsam darauf, dem Gelände nicht zu nah zu kommen. Wir haben uns für ein Hotel in einiger Entfernung entschieden, die Speisekarte ist auf Russisch, der Fisch tiefgefroren, die ukrainische Bedienung spricht kein Wort Griechisch, wir finden plötzlich, es ist Zeit für das Dorf.

Im Kafenion am Dorfplatz, unter dem letzten Maulbeerbaum, ist es leer, das Leben findet jetzt woanders statt, an der Strandpromenade, in der Nähe vom lokalen Hard Rock Cafe. Das Skorpios gibt es nicht mehr. Der alte Dorfpriester setzt sich an unseren Tisch, bestellt einen Raki, murmelt in seinen Bart; als wir Guten Tag sagen, wirft er uns bitter vor, wie schlecht unser Griechisch sei, eine Schande. Dann vergewissern wir uns: Die Taverne von Stellas und Mikas Eltern ist schon lange zu. Vor über zehn Jahren haben sie die Koffer gepackt und sind nach Athen zu einer Cousine gezogen – die lokale Version des Onkels aus Amerika. Wir haben nie geglaubt, dass es sie wirklich gibt, bestimmt wohnte sie irgendwo in einer riesigen Vorstadt oder auf dem Peloponnes. Jetzt beruhigt uns die Vorstellung, dass die Eltern ihren Ruhestand friedlich in Kifissia oder Korinth verbringen und Mika ein erfolgreicher Unternehmer mit hellem Anzug und Pausbacken ist.

Wie auf der Einladung empfohlen, finden wir uns pünktlich um fünfzehn Uhr zur Gedächtnismesse ein.

Die Kapelle auf dem Felsvorsprung direkt am Meer ist wunderbar, nichts als weiße Kuppeln und blaue Kreuze vor einem strahlenden Himmel, kaum einen Hauch glasklarer als die weiß gespickten Wellen – seit der Morgendämmerung weht der Meltemi. Es ist das bekannteste Foto der Insel, man sieht es auf den Postkarten, die jetzt säckeweise am kürzlich vergrößerten Flughafen verkauft werden. Früher sagte man noch Flugfeld, die Landebahn war nichts als ein Brachgelände und der Tower eine seltsam phallische, kakifarbene Wucherung, eine unter optimalen Bedingungen gezüchtete Riesengurke.

Eine ideale Miniaturkirche für das Barbie-macht-Urlaub-Set. *Erinnerung an das ewige Griechenland* hat ein begnadeter Dichter auf die Rückseite der Postkarte geschrieben, die einer von uns am Flughafenkiosk gekauft hat.

Plötzlich steht Helen vor uns und begrüßt uns; kaum fülliger geworden, in einem weißen Kleid mit tiefem Rückenausschnitt. Sie küsst uns auf die Wange, lässt uns gleich wieder stehen und wirbelt von Grüppchen zu Grüppchen, nur sie hat sich nicht verändert.

Die Feier findet definitiv gleich statt, und wir sind fast ein wenig enttäuscht. Keiner hat zu Gerhards Ehren Handschuhe angezogen, nicht einmal wir. Zwei Frauen entschuldigen sich, überholen uns; sie halten sich an den Armen, stützen sich, schwanken auf schwindelerregend hohen Absätzen. Die eine trägt ein blassgelbes Tuch, das perfekt für eine Hochzeit wäre, die andere lacht – wie eine Sängerin – aus voller Kehle, irgendwie wirkt es falsch (sie ist spindeldürr) oder als wäre sie betrunken, für einen Moment sind wir von ihrem Quietschen wie betäubt.

Wir können es nicht fassen, dass wir Seite an Seite hier stehen, wie sehr die Abwesenden anwesend sind, sogar die Toten, und alle anderen, die aus der Vergangenheit auftauchen – wie der Junge mit den abstehenden Ohren, den wir in der Raum-Zeit-Spalte verschwunden glaubten und der sich als Erwachsener kaum verändert hat.

Und auch die Leute aus dem Dorf: die Alten in ihren etwas zu großen Anzügen, die Jungen gebeugt in ihren neuen Jacken, Lackaffen, jetzt schon Städter, sie und ihre Eltern trennt mehr als eine Generation. Und auch ein paar Leute vom Festland, die wir instinktiv erkennen, exotische Vögel im Schmuckkleid mit hellerem, weniger rauem Gesang.

Unsere Eltern sind nicht gekommen. Vielleicht hat Helen sie nicht eingeladen, um sie dafür zu bestrafen, dass sie damals nicht ins Magazin durfte oder Gerhards Tritonschnecke nur spöttische Kommentare hervorrief. Aber vielleicht fanden sie die Veranstaltung auch lächerlich oder unpassend, hatten gesundheitliche Probleme, familiäre Verpflichtungen oder sogar im Sommer noch beruflich zu tun.

Niso geht nicht mit rein. Die Kirche platzt schon aus allen Nähten, die Leute drängeln sich an der Tür. Nur der Wind macht die Hitze erträglich, Schals und Hüte fliegen davon, die Mädchen lachen und zertreten Reiskörner, bestimmt die Überbleibsel einer gestrigen Hochzeit. Die Stimmung ist nicht andächtig. Ein paar Touristen, Fotoapparat vorm Bauch, verstehen die Feier falsch. Einer schleicht sich hinein, drängelt unter Schultereinsatz nach vorn, auf dem Kopf ein verknotetes Tuch; er hält seine Nikon zum Filmen hoch, dreht sich um und hebt glücklich den Daumen in Richtung seiner Frau, die im Schatten einer Tamariske stehen geblieben ist. Niso beobachtet ihn, erkennt dann ein paar Meter weiter Evi, er hat sie noch gar nicht gesehen. Sie trägt die Haare dieses Jahr kurz.

Niso geht und nimmt den linken Weg zur kleinen Bucht. Die Holzbohlen bilden einen schmalen Pfad, der dicht am Wasser direkt zur Hütte führt. Die ersten Bohlen liegen genau an der Stelle am Hang, wo sie damals in Richtung Meer losgestürzt sind.

Weiter unten springen Kinder ins Wasser: die anderen, aus dem Dorf.

Dann ermuntert Niso Louise, allein weiterzugehen. Von Weitem sieht er, wie sie zögert, einen Fuß einwärtsdreht, neidisch auf das Lachen der Jungen; plötzlich rennt sie zu ihnen hin.

Einige haben ihre Sachen auf dem Stein abgelegt und sich ins Wasser gestürzt, Niso kann die Schreie hören. Louises Schreie sind spitz, vorsichtig sitzt sie am Rand der Steinplatte, dreht sich zu ihm um und ruft: »Papa, Papa, sie haben einen echten Tintenfisch gefunden!« Dann mischt sie sich unter die anderen Kinder, und hätte sie nicht so eine weiße Haut, könnte er sie von hier kaum ausmachen.

Niso hat sich verändert, die Insel hat sich verändert. Doch für Louise ist sie neu, unveränderlich und vollkommen.

Das Tor der Palastanlage schließt sich hinter uns, die Autotüren schlagen mit einem dumpfen Knall zu, Plaudern und Lachen weichen den letzten Zikaden des Tages, die eine nach der anderen verstummen.

Wir tauschen Adressen und Telefonnummern aus, erwähnen ein gemeinsames Abendessen in Paris oder anderswo, reden von einem Wiedersehen in diesem oder nächstem Jahr; wir versprechen, was wir nicht halten werden. Dann reichen wir uns die Hand oder sagen noch ein nettes Wort, und als einige ins Taxi zum Flughafen steigen, murmeln wir zum Abschied ein letztes Mal ihre Kindernamen.

Kurz vor der Abreise gehen wir noch auf die elegante Holzbrücke, die die Ausgrabungsstätte dominiert. Seltsam, dass wir von dort oben nichts wiedererkennen – damals sind wir doch barfuß über jeden Quadratzentimeter gelaufen.

Alles ist da, die dicken Mauern und die Pflasterplatten, die schräge Hauptschlagader, das Lustralbad, die Werkstätten; wir werfen einen ungläubigen Blick auf den schmetterlingsförmigen Grundriss im Prospekt für die Touristen, die wir jetzt sind. Es sieht so klein aus. Wie konnten wir uns hier bloß verlaufen?

Wir hatten gedacht, das Grabungsfeld sei nicht mehr da, doch es hat sich nur verwandelt. In ein verkleinertes Modell, in dem Maße geschrumpft, wie wir größer wurden. Plötzlich waren wir mehr schlecht als recht erwachsen, volljährig und schutzgeimpft, eine Mischung aus Unvollkommenheiten und Kompromissen, aber in unserem Gedächtnis versteckt sich noch immer irgendwo dieses Gelände, nicht größer als eine Briefmarke. Es wird uns nie verlassen.

Inhalt

Das Gelände 7
Erkundungen 13
Grabungsfelder 29
Schichtenkunde 43
Vermessung 55
Datierung 71
Bergen und Räumen 85
Fälschungen und Zweifelsfälle 101
Schutt 119
Restaurierung 131
Inventur 145